AF347222

RECHERCHES HISTORIQUES

sur

LE GÉNÉRAL BELLIARD

DE FONTENAY-LE-COMTE (VENDÉE)

Prises en France, en Italie, en Egypte, en Allemagne, en Espagne,
en Russie et en Belgique

SUR DES DOCUMENTS OFFICIELS

AVEC LA LISTE DES RÉGIMENTS DE CAVALERIE QUI ONT TENU GARNISON
DANS LE QUARTIER QUI PORTE SON NOM
DEPUIS SA CONSTRUCTION, ET CEUX DE PASSAGE DEPUIS 1808

Par l'abbé STAUB

CHEVALIER DE LA LÉGION D'HONNEUR

Ancien Aumônier titulaire de la garnison d'Orléans (5ᵉ corps d'armée)

Iter labore militari stratum.
Voilà ses campagnes.
QUINTILIEN, ses œuvres, livre 2, chap. XIV.

AUGUSTE BAUD, IMPRIMEUR-LIBRAIRE

A FONTENAY, GRANDE-RUE, 25-27

1887

RECHERCHES HISTORIQUES

SUR

LE GÉNÉRAL BELLIARD

DE FONTENAY-LE-COMTE (VENDÉE)

Prises en France, en Italie, en Egypte, en Allemagne, en Espagne,
en Russie et en Belgique

SUR DES DOCUMENTS OFFICIELS

AVEC LA LISTE DES RÉGIMENTS DE CAVALERIE QUI ONT TENU GARNISON
DANS LE QUARTIER QUI PORTE SON NOM
DEPUIS SA CONSTRUCTION, ET CEUX DE PASSAGE DEPUIS 1808

Par l'abbé STAUB

CHEVALIER DE LA LÉGION D'HONNEUR

Ancien Aumônier titulaire de la garnison d'Orléans (5ᵉ corps d'armée)

Iter labore militari stratum.
Voilà ses campagnes.
QUINTILIEN, ses œuvres, livre 2, chap. XIV.

AUGUSTE BAUD, IMPRIMEUR-LIBRAIRE
A FONTENAY, GRANDE-RUE, 25-27

1887

DÉDICACE

Cette dédicace appartient de droit aux nombreux volontaires partis de Fontenay-le-Comte, en 1429, pour aller se ranger sous le drapeau de Jeanne d'Arc, battre les Anglais et délivrer Orléans.

Nous ajouterons que le savant jurisconsulte Rabateau Jéhan, né à Fontenay, vers 1375, d'abord juge prévôtal de sa ville natale, puis avocat général à Poitiers, était membre du Conseil privé de Charles VII, dont la royauté était alors en cause et que c'est lui qui reçut Jeanne d'Arc, dans son hôtel, à Poitiers même, lorsqu'elle vint y trouver ce roi.

De là les liens qui, dans la personne de ce magistrat, ont rattaché Fontenay à Orléans. Nos compatriotes, qui avaient donné tant de preuves de leur courage, dans les différents sièges, dont leur château avait été l'objet, voulurent payer de leur épée, comme Rabateau avait payé de sa toge.

Les grandes causes demandent de grands dévouements ; d'où leur départ, pour sauver la France, en sauvant Orléans.

Rappeler ce beau fait à 458 ans d'intervalle, c'est rajeunir le trait d'union qui existe entre Fontenay et la garnison d'Orléans, dont j'ai eu l'honneur d'être aumônier titulaire pendant plusieurs années.

C'est aussi un salut de haute sympathie aux habitants de cette même ville d'Orléans, en général, et en particulier à la Société de sauveteurs médaillés du Loiret, dont j'étais, en même temps, l'aumônier d'honneur.

L'AUTEUR.

Fontenay-le-Comte, le 29 Juin 1887.

Voir aux pièces justificatives n° 1er.

PRÉFACE

L'auteur de ces recherches historiques a fait, une fois de plus, preuve de patriotisme, en mettant au jour la glorieuse carrière du brillant divisionnaire d'une grande époque. Cette vie si bien remplie est le meilleur exemple à rappeler à notre armée, qui toujours et partout a montré les plus sublimes sentiments d'abnégation, de dévouement et de sacrifice.

Nous connaissons le brave abbé Staub depuis plus de trente ans, et nous avons pu juger qu'ici encore, il a apporté la même exactitude que dans ses *Historiques des 1er, 2e Hussards* et ses *Derniers Chamborant, à la campagne de Prusse, en 1870-71;* ouvrages que nous avons lus souvent et que nous relisons toujours avec un nouvel intérêt.

L'abbé Staub est un infatigable chercheur, et je sais de bonne source que le bilan de son travail de quarante années se compose, à l'heure actuelle, de plus de vingt volumes manuscrits. Ce travail n'est pas stérile, car il est continuellement à la disposition des officiers de la garnison de Fontenay-le-Comte et d'ailleurs, qui y puisent de précieux renseignements pour les historiques demandés par le Ministre de la guerre.

On ne peut que féliciter M. l'abbé Staub de son noble rôle d'historien militaire, et nous l'engageons à persister dans ce genre de travail qui ne peut que rehausser encore davantage le beau prestige de notre armée.

Désiré LACROIX,

Rédacteur au *Moniteur de l'armée*.

Paris, le 29 Juin 1887

AVANT-PROPOS

Dans quel but ai-je écrit ces quelques pages? Voici la question que je me pose et à laquelle je réponds comme suit :

Je ne les ai point écrites pour glorifier seulement le général Belliard qui le mérite à tant de titres ; je ne les ai pas écrites seulement pour les habitants de Fontenay, ses compatriotes et les miens ; mais je les ai tracées pour toute la France et pour toute l'armée. Je les ai tracées pour réveiller le dévouement, l'abnégation et le sacrifice qui s'en vont ; pour donner un mordant à l'esprit militaire et un excitant à ses forces vives, dont le principal ressort est la religion.

La tâche est grande ; aussi bien, elle a toujours été, ainsi comprise, mon objectif, depuis plus de quarante ans que je m'occupe de l'armée ; heureusement, je n'ai jamais été seul pour la remplir ; je le suis, aujourd'hui, moins que jamais. Sous l'écorce de ce peu de mots se trouvent de hauts encouragements, de précieuses paroles sorties tout récemment de la bouche de plusieurs généraux et officiers, au sujet de ce travail.

Un jour viendra, et il ne saurait être éloigné, où cette écorce disparaîtra et où, sous son enveloppe, on pourra lire leurs noms sympathiques et religieux.

En attendant, Dieu continuera son œuvre ; il voudra bien donner bénédiction et accroissement à ce labeur de ma dernière heure, comme il l'a fait pour mes travaux du temps passé.

L'abbé STAUB,

Prêtre.

LE GÉNÉRAL BELLIARD

EN ÉGYPTE

Campagne de 1798, 99, 1800, etc.

A propos du vœu émis par d'honorables habitants
de Fontenay-le-Comte, lequel a pour but de remanier la
place *Belliard*, d'y faire un square plus digne de celui
dont elle porte le nom, d'y élever une statue au lieu
du buste du général ; à propos de l'occurence et de la
réalisation de la bonne pensée que vient d'avoir le
ministre de la guerre, en donnant son nom à notre
quartier de cavalerie, j'ai cru qu'il était de mon devoir
de compatriote de tirer de mes archives une vieille
inscription, prise aux Cataractes du Nil et relative en
partie à ce général ; pour entrer dans les idées et dans
les motifs précités, je l'ai adressée au colonel commandant la 2ᵉ circonscription de cavalerie de remonte,
à Fontenay même, dont la caserne reçoit l'honneur
de cette illustre dénomination ; je l'ai communiquée
à M. le maire de cette ville pour le square en question ;
elle a nécessairement sa place dans l'un et dans l'autre
cas.

Cette inscription, la voici :

« L'an VI de la République, le 13 messidor, une

armée française, commandée par Bonaparte, est descendue à Alexandrie ; l'armée ayant mis, vingt jours après, les Mamelucks en fuite, aux Pyramides, Desaix, commandant la 1re division, les a poursuivis au-delà des Cataractes, où il est arrivé le 13 ventôse de l'an VII, avec les généraux de brigade Davoust, Friand et Belliard ; Donzelot, chef de l'état-major ; La Tournerie, commandant l'artillerie ; Eppler, chef de la 21e légère.

» Le 13 ventôse, an VII de la République, 3 mars, an de J.-C. 1799. »

Gravée par Casteix, sculpteur.

Quel est ce général Belliard et pourquoi la 21e légère y est-elle plus spécialement désignée ?

Rappelons que le général Desaix commandait la division d'avant-garde des forces françaises en Egypte et qu'elle était à l'effectif de trois régiments seulement, 21e légère, 61e de ligne, 88e de ligne aussi, chacun à trois bataillons. Il avait sous ses ordres les trois généraux sus-nommés.

La 21e légère, colonel Eppler, composait, avec ses accessoires, la brigade du général Belliard et formait la tête de colonne de l'expédition. Elle a fait, sous sa conduite et dans la division, la plus grande partie de la campagne ; mais, c'est avec elle seule qu'il a pris et occupé l'île de Philé, près des Cataractes, au point extrême de nos opérations dans la Haute-Egypte, les autres corps n'ayant pas touché jusqu'à ces limites. Tel est le motif de la citation.

Le général Belliard, se trouvant alors à l'armée
d'Italie, s'embarque, le 6 juin 1798, avec sa demi-
brigade légère, à Civitta-Vecchia ; paraît, le même jour,
devant Malte, où il est chargé de la première descente
de gauche, qu'il effectue avec succès, sous le feu de
deux batteries d'artillerie et s'y maintient jusqu'au 19,
jour où l'île se rend aux Français.

Le 1er juillet, il mouille devant Alexandrie ; il y entre
le 2, le premier, à la tête de ses carabiniers ; et, le lendemain, ouvre la marche en avant du reste de l'armée ;
qui, le 10, traverse Ramanieh, et le 14, Salamé. Les
Mamelucks, en force considérable, sont en présence :
mais, le jour suivant, ils viennent se briser contre
nos carrés à Chabreiss ; cette ville est prise d'assaut.
L'ennemi recule jusqu'à Embabé. On est en vue des
Pyramides, et le 28 juillet a lieu la bataille de ce nom.

Au moment de l'action et en rangeant ses troupes en
bataille, Bonaparte leur avait dit, en les leur montrant
de la pointe de son épée : « Soldats, du haut de ces
Pyramides, 40 siècles vous contemplent. » Après sa
glorieuse victoire, il pouvait ajouter à juste titre :
« Soldats, du haut de ces Pyramides, enveloppant les
40 siècles de ses plis sacrés, le drapeau français vous
contemple. » On l'y avait, en effet, monté, comme
prise de possession du pays, avec des transports et des
acclamations frénétiques. 40 pièces de canon, quantité
d'armes, de munitions et de drapeaux, 400 chameaux,
un matériel immense des plus riches et des plus splen-
dides, avaient été les trophées de la journée.

Là, les Mamelucks avaient retrouvé nos formidables carrés, contre lesquels leur fougue était venue se heurter en vain ; ils s'y étaient de nouveau brisés ; complètement battus, ils fuyaient en désordre. On les poursuit jusqu'à Gisel, où s'établit le quartier-général, le 28, au soir.

Le 29, le Caire met bas les armes et se rend. Belliard, atteint d'une maladie considérable des yeux, obligé, par le fait, de suspendre sa marche, est nommé gouverneur de cette capitale.

Sur ces entrefaites, pendant que Bonaparte commence à organiser le pays conquis, en méditant son expédition de Syrie et l'occupation des bords de l'Euphrate, en même temps que celle du Nil, Desaix reçoit l'ordre de s'emparer de la Haute-Egypte avec sa division.

On lui adjoint quelques batteries d'artillerie, sous le commandement de la Tournerie et, sous celui de Rapp, des escadrons du 7ᵉ hussards et du 20ᵉ dragons ; des sapeurs du génie, etc. Belliard reste à peine quelques semaines au Caire ; ses yeux ne sont que faiblement rétablis, mais il est impatient de rejoindre sa brigade. Il part avec une colonne d'infanterie, escortant un convoi et la trouve dans le Fayoum, vers la fin de décembre 1798.

Dans un clin d'œil, pour ainsi dire, la moyenne et la Haute-Egypte sont envahies. Avec sa division, le général Desaix fait des prodiges ; n'est-elle pas, en effet, sur le terrain des prodiges ! Elle parcourt, au pas de course, le Fayoum, Samanhoud, Farchou, Syout, Kené, Denderah,

Thèbes, Louqsor, Asman, Esné, Syène, Beni-Adin, poussant partout l'ennemi devant elle ; sa flotille naviguant de conserve et partageant ses fatigues comme ses triomphes.

Laissons le général Belliard nous faire part de ses impressions de voyage écrites par lui-même (1) : « Nous étions, dit-il, sur le parcours et sur presque toute la ligne, au milieu des décombres. Les pierres, les briques, les débris nous retraçaient un autre âge, nous accablaient de souvenirs. Nous découvrions les ruines de Denderah ; ici, c'était un palais ; là, un monument ; plus loin, une statue, un obélisque. Des hommes, des savants, des héros avaient animé ces solitudes ; ils étaient passés ! Et Thèbes ! Nous aperçûmes Thèbes ; j'eusse voulu jeter un coup d'œil sur ses ruines ; mais nous espérions surprendre Mourad-Bey ; nous marchions, nous n'arrêtions pas.

» De leur côté, les Mamelucks effrayés précipitaient leur fuite ; ils s'échappaient à toutes jambes, ils gagnaient les Cataractes ; ils étaient battus. Desaix prit les devants avec la cavalerie, je le suivis ; nous fûmes bientôt à Syène. Mais les Mamelucks avaient gagné de vitesse, ils étaient sur la rive opposée ; ils descendaient le fleuve et allaient rallier les Arabes accourus de la Mecque et des environs. Le général Desaix, heureux et impatient

---

(1) *Mémoires du comte Belliard* recueillis par le commandant Vinet, l'un de ses aides de camp. Paris, 1842, Berquet et Pétion, éditeurs, rue du Jardinet. 11.

de pouvoir bientôt atteindre les limites où s'étaient arrêtées les légions romaines, courut les chercher. Friant se porta sur Kené, Davoust sur Thèbes ; nous les rencontrâmes bientôt ; Osman, le Schérif furent culbutés, rompus, obligés de prendre la fuite. »

A partir de ce moment, la brigade Belliard, séparée de la division, opère seule sous ses ordres ; son objectif est, à partir de Syène, tout le désert, jusqu'aux Cataractes.

« Pendant que le reste de la division, ajoute-t-il, faisait une guerre de patrouille, je poussais Mourad, avec la 21ᵉ légère : je franchis les brisants du fleuve et me trouve vis-à-vis des Mamelucks ; ils ne m'attendaient pas : la vue de ma colonne les déconcerte ; ils s'effrayent et fuient avec tant de précipitation, qu'ils nous laissent leur dîner et leurs équipages. »

A cette vue, Belliard ne marche plus, il court ; on dirait qu'il se multiplie, qu'il a le talent de se trouver partout à la fois ; il reconnaît Eléphantine, Philé ; et revient à Syène qu'il fortifie ; rien n'échappe à sa vigilance.

Bientôt il apprend que l'ennemi, retiré au-delà des Cataractes, dans la Basse-Nubie, y a recruté quantité d'hommes et qu'il arrive avec une nuée d'Arabes et de Mamelucks, tournant la position, longeant la mer Rouge du côté de Kosseir, pour déboucher dans la vaste plaine de Kaptos.

Le général décrit cette nouvelle phase de sa campagne.

comme suit : (Il avait alors laissé Syène, et parcourait le pays en colonne volante).

« J'occupais Esné ; j'y nomme un commandant de place ; je lui laisse 400 hommes, des vivres et me dirige sur Arman, avec ce qui me restait de la 21ᵉ légère, environ 500 hommes, 50 dragons, 2 pièces d'artillerie et quelques chameaux chargés de subsistances.

» Je passe le Nil, où fut jadis Thèbes ; je me dirige sur Benouth ; nous arrivons à Kous. Je me trouve en présence de 3.000 hommes d'infanterie, fortement retranchés, et d'environ 500 chevaux qui se déployaient dans cette plaine de Kaptos. Ils nous présentent la bataille, nous l'acceptons. Je forme mes carrés, je détache mes tirailleurs : l'action s'engage. Le Schérif est là, de sa personne ; il prêche la guerre sainte et l'extermination des infidèles. Les Arabes s'avancent avec plus d'audace ; nos tirailleurs les attendent : on se mêle, on se confond, on lutte corps à corps ; les dragons accourent ; les Arabes battent en retraite ; la fusillade donne en plein sur eux ; nous marchons, tout se replie. L'ennemi s'abrite derrière des fossés profonds et ouvre un feu meurtrier ; mais la charge sonne, tout s'ébranle ; nous allions emporter la batterie, quand les Mamelucks nous attaquent par le flanc ; une charge à bout portant les désorganise ; ils fuient, nous restons maîtres du champ de bataille. Deux étendards de la Mecque furent pris dans ce combat. »

La marche en avant présente cependant de nouveaux

obstacles, bien plus difficiles à surmonter ; 4 pièces sont placées sur la berge d'un large canal. Aux ordres du général Belliard, les carabiniers de la 21e légère, formés en colonne d'attaque, les enlèvent, tandis que lui-même, par un mouvement tournant, repousse les Mamelucks, culbute les Arabes et les rejette sur Benouth. Hassan s'y précipite, s'y renferme, s'y fortifie à la hâte. C'est désormais un siège à faire, un véritable siège. Des deux colonnes françaises, l'une doit enlever le palais du Hachef, l'autre les mosquées et les maisons. On emploie à la fois, le fer, le feu, l'escalade ; les carabiniers de la 21e, guidés par leur brave colonel Eppler, sont d'abord refoulés ; ils reviennent à l'assaut, avec des brandons, du bois et de la paille. Dans un instant, les mosquées, les maisons deviennent la proie des flammes et ne sont plus bientôt qu'un amas de poutres et de cendres ensevelissant leurs défenseurs.

Reste l'enceinte défendue par Hassan lui-même : la nuit impose un repos forcé ; le lendemain, les sapeurs du génie ouvrent la brèche, ceux de la 21e enfoncent les portes à coups de haches. Les Arabes sont admirables de courage, ils combattent avec fureur, luttent contre les flammes, la soif, la mitraille et les balles, mais Eppler s'acharne sur ses victimes, la poudrière saute, l'incendie les gagne, ils sont sans défense ; 1,200 hommes jonchent la terre pour ne plus se relever ; les blessés sont en plus grand nombre ; nous enlevons, avec une victoire complète, deux drapeaux à l'ennemi.

« Je ne savais où était Desaix, continue le général

Belliard ; il devait opérer du côté de Syout ; je lui expédiai, à tout hasard, quelques Arabes qui eurent la bonne chance de le rencontrer. Après avoir lu mes dépêches, le général m'écrivit : « Mon cher Belliard, je vous félicite de votre effroyable combat ; il vous couvre de gloire vous et votre intrépide 21ᵉ demi-brigade légère ; il n'appartient qu'à vous de faire des prodiges. »

Après cette campagne, la mission du général Belliard, dans ces extrêmes parages, touchait à son terme. Il venait de vaincre à Kaptos, de s'emparer de Benouth, d'acculer l'ennemi. Il avait précédemment pris, avec sa seule brigade, Syène, Eléphantine, et couronné son œuvre par la belle inscription qu'il avait laissée, avec son nom, à Philé, point le plus avancé de notre occupation. « J'étais aux Cataractes, dit-il, j'avais touché le Tropique, porté nos couleurs, où jamais n'avait pénétré l'aigle romaine. » C'était assez ; du reste, le général Desaix lui mandait de rejoindre la division et le nommait gouverneur de Thèbes, et de toute la province qui venait de tomber sous nos armes.

A peine installé dans ce nouveau commandement, Belliard apprend que les Anglais avaient paru en vue de Kosseir et méditaient une descente de ce côté ; il part, sans coup férir, avec sa 21ᵉ légère, prend possession de cette ville à la barbe de l'ennemi et revient à Thèbes pour organiser le pays et protéger les savantes recherches des membres de l'Institut ; nous étions au 29 mai 1799.

Il faut ajouter ici, à la louange de sa plume, qu'il maniait aussi bien que le yatagan que lui avait donné

Mourad-Bey, que le général ne se contentait pas de protéger ces *savantes recherches*, mais qu'il y travaillait beaucoup de son côté.

Un rapport sur 50 momies d'oiseaux recueillies par ses soins, fut adressé par lui-même à l'Institut d'Egypte qui le nomma l'un de ses membres. Bonaparte ne dédaigna pas d'écrire, de sa main, ce rapport mentionné dans la *Biographie universelle*, lettre N. XXXIXe volume, page 71.

Les vrais érudits sont comme les vrais soldats, ils se comprennent.

Aussi bien, l'armée française ayant évacué la Haute-Egypte pour se rendre au Caire, voici revenir Mourad-Bey avec des troupes en nombre imposant. Belliard part avec 600 baïonnettes et un détachement du 20e dragons, le défait complètement et le réduit à demander la paix.

Lui-même, mandé d'urgence au Caire par la force des événements, cette capitale étant menacée par les Osmanlis, les Turcs et les Anglais, y arrive le 18 mars 1800 et défile à la tête de ses soldats, en grande tenue, devant le général en chef Kléber.

Sans perdre un instant, le général Belliard se remet en route, avec sa brigade augmentée de la 88e de ligne, et prend sa bonne part de fatigue et de succès à la bataille d'Héliopolis, qui eut lieu le 20 mars 1800. Il contribue à la prise de Belbeys, de Salayel, est chargé de la poursuite des Turcs, les atteint à Schoura, les bat avec la 21e seule, leur enlève deux pièces de canon et dix drapeaux.

Pendant ce temps, Boulak et le Caire s'étant révoltées, Belliard fait demi-tour, retourne sur ses pas, s'empare de la première, dans des circonstances affreuses ; assiège la seconde, qui se rend le lendemain. Il y fut assez grièvement blessé. Nommé une seconde fois gouverneur du Caire, il y est assiégé lui-même par une armée anglo-turque, forte de 50,000 hommes. La peste s'étant mise de la partie, le général Belliard fut assez heureux pour conclure une convention très honorable, qui fut signée le 28 juin 1800. L'armée française devait être rapatriée, avec tous les honneurs de la guerre, aux frais des gouvernements anglais et ottoman.

Belliard, nommé général de division, s'embarqua le 9 août 1800, à Aboukir, ramenant en France, par un grand sentiment de fraternité et d'humanité, les restes de son digne compagnon d'armes, le général Kléber, qui venait d'être assassiné, au Caire même, par un fanatique. Le 1er consul le félicita hautement de cette attention. Les grandes âmes se font un devoir d'apprécier les vertus des autres, de les en remercier et de les en récompenser.

Bonaparte lui avait déjà décerné, après son expédition des Cataractes, un sabre d'honneur, pour sa belle conduite dans la Haute-Egypte, où les vieux scheiks s'informent encore de lui, en demandant aux voyageurs français, si Dieu a conservé les jours du deuxième sultan juste, car Desaix, qui avait aussi mérité de leur part, le même titre, était pour eux le premier sultan juste, par son grade, alors plus élevé.

« Le général Belliard parlait souvent de la campagne
d'Orient, dit le commandant Vinet, et son front s'illumi-
nait alors de bonheur et d'inspiration. Un jour, à la fin
de l'un de ces récits, qui tenaient ses auditeurs comme
suspendus, il s'écria, avec un accent d'enthousiasme que
je crois entendre encore : « L'Egypte ! oh ! l'Egypte !
Bonaparte y était si grand et les Français si braves !
Et Kléber !... Et Desaix !... Quels géants pour l'histoire,
s'ils avaient vécu ! »

Et, lui, Belliard, n'était-il pas digne d'eux ! Au fait,
leur campagne d'Egypte ne suffirait-elle pas pour les
immortaliser tous trois !

Nous avons lu avec la plus grande attention toutes nos
campagnes de l'Algérie : Bugeaud, Changarnier, duc
d'Aumale, Lamoricière, Bedeau, Cavaignac, Saint-
Arnaud ont pu faire aussi bien, ils n'ont pas mieux fait ;
heureux imitateurs de leurs devanciers d'Egypte, ils
ont employé, comme eux, les bataillons carrés, contre
les Arabes, qui sont toujours les premiers cavaliers du
monde ; la retraite de Constantine, Isly et beaucoup
d'autres, ont été des carrés, comme les Pyramides.

Après le désastre d'Aboukir et la destruction de notre
flotte, Bonaparte, dit l'*Histoire de l'Armée* (1), fut un
moment atterré ; mais sa grande âme se releva bientôt :
Eh ! bien, s'écria-t-il, nous mourrons ici, ou nous en
sortirons, grands comme les anciens, et nous ferons plus
de *grandes* choses, que nous n'en voulions faire ; puis,

____

(1) *Histoire de l'armée*, p. 437, tome 2, 1853 : Paris, Barbier, éditeur.

il écrivit à Kléber : Tenez-vous prêt ! — Oui, répondit
celui-ci, je suis prêt et nous arriverons !

Pour élever le moral de son armée à son plus haut
cran, Bonaparte voulut que les noms des quarante premiers tués à l'ennemi fussent inscrits sur la colonne de
Pompée et il dit aux survivants : « Soldats, vous êtes
dignes de vous-mêmes ; vous mourrez avec honneur,
comme les braves dont les noms sont sur cette pyramide,
ou vous retournerez dans votre pays, couverts de lauriers et de l'admiration des peuples. »

Bonaparte, avec son coup d'œil d'aigle, avait mis le
doigt sur la plaie. Les soldats, les officiers même avaient
besoin de ce haut moral, de ces forces vives qui
commençaient à baisser chez plusieurs, par suite de
privations de tout genre, des rigueurs du climat, des
difficultés hors ligne d'une vie de campagne dans le vide
du désert, dans le limon du Nil, dans l'aridité des sables
mouvants ; le dégoût et la nostalgie arrivaient comme
conséquence, pour ronger les cœurs ; on parlait même
de mutinerie et Kléber, rehaussé lui-même de toute sa
taille et de toute sa valeur, leur rappela, un jour, les
sublimes devoirs du guerrier, dans les termes suivants :
« Être soldat, ce n'est pas seulement être brave sur le
champ de bataille, être tué ou blessé à l'ennemi, c'est
encore savoir souffrir et se montrer supérieur à la
souffrance ; c'est avoir faim et manquer de pain ; avoir
soif et manquer d'eau ; avoir besoin de vêtements et
n'avoir pas de quoi changer ; manquer de souliers
et marcher nu-pieds ; être accablé de fatigue et marcher

quand même ; c'est faire ou endurer tout cela sans se plaindre.

» Être soldat, c'est quand on vous dit : Allez là, vous y mourrez ; répondre oui, mais oui, tout court ; y aller et y mourir » (1).

Instruit de ces menées, le général en chef, dit le général Belliard dans la 6e note, écrite de sa main, me mande sur le champ. — Et la 21e, général ? — Elle est soumise et dévouée. — Elle n'épouse donc pas les dégoûts répandus dans les autres demi-brigades ? — Elle ne demande que quelques objets de chaussure qui lui manquent. — Dans ce cas, allez, distribuez-les et revenez. — Je fus à ma troupe ; je la trouvai dans les meilleures dispositions. J'en rendis compte au général. »

L'exemple de celle-ci, l'abnégation, le dévouement et le sacrifice rappelés dans le cœur et le courage des autres demi-brigades, l'excellente direction des chefs, firent de cette armée d'Egypte l'égale des meilleures légions romaines. Tant il est vrai que le mot *soldat* doit être pris dans la plus forte expression du terme et qu'il n'admet pas de modification à la signification absolue de son nom.

Mais, en présence de ces vertus qu'il doit porter jusqu'à l'héroïsme, de ces grands dangers qu'il court, de ces blessures atroces qu'il est appelé à subir, de la mort

---

(1) *Les derniers Chamborant*, 2e hussards à la dernière campagne contre la Prusse, par l'abbé Staub, 1873 ; Robuchon, à Fontenay.

même en face de laquelle il se trouve souvent et qu'il doit braver, il faut au soldat une autre sanction que celle d'une gloire et d'un honneur éphémères ; il lui faut la sanction du ciel ! Et Kléber eût été plus correct, plus complet ; il eût été plus dans le vrai, si, en montrant du doigt ce même ciel, il eût dit à ses soldats : La patrie vous demande de vivre, de souffrir et de mourir pour elle ! Eh ! bien, sachez vivre, souffrir et mourir ; il y a là-haut un monde meilleur, une autre patrie, où Dieu vous donnera une large compensation de vos maux d'ici-bas : ce n'est pas 40 siècles de bonheur qui vous y attendent, c'est un bonheur éternel.

La religion seule peut donner une pareille sanction !

C'est toujours ainsi que j'ai présenté la question, dans mes conférences, quand j'avais l'honneur d'être aumônier militaire, en étayant les qualités et les devoirs du soldat sur les vertus chrétiennes, comme, du reste, me l'avait recommandé mon chef d'état-major général.

C'est aussi qu'un jour de ma vie, à 43 ans d'intervalle, au camp de Plélan, en Bretagne, alors que je débutais dans l'étude de la carrière, j'avais rencontré, non pas la 21ᵉ légère, nous n'étions pas du même âge, ni du même temps, mais les petits-fils de ceux qui avaient été ce régiment, c'est-à-dire le 21ᵉ léger (1). Je les avais trouvés comme je viens de peindre leurs aïeux. De même que les premiers avaient gravé leur numéro aux Cataractes

---

(1) Le 21ᵉ léger y formait, en août et septembre 1843, la 1ʳᵉ brigade avec le 4ᵉ de ligne qui avait fait comme lui l'expédition d'Egypte.

du Nil, les seconds venaient de l'inscrire sur les monuments de la Grèce, dans la campagne de Morée, comme plus tard sur les hauteurs de l'Atlas et de Sébastopol.

Honoré de leur bienveillant accueil, je n'aurais pu mieux fixer que parmi eux le point de départ de mes jalons de l'avenir. Le 21ᵉ léger est devenu 96ᵉ de ligne en Crimée ; c'est ce dernier régiment qui est aujourd'hui le gardien et le continuateur de ce beau passé.

Nous ne pourrions mieux terminer cette campagne qu'en reproduisant la lettre écrite de Toulon, le 8 mai 1800, par le général Desaix, rentrant d'Egypte, au digne père du général Belliard, à Fontenay-le-Comte ; c'est le plus beau monument qu'on puisse élever à ses actes et à ses hautes capacités :

« Monsieur,

» Connaissant l'attachement bien vif qu'a pour vous le général Belliard, votre fils, je m'empresse de vous donner de ses nouvelles pour vous tranquilliser sur son sort. Je l'ai laissé dans la Haute-Egypte, où il a eu, le dernier, l'agrément d'une victoire contre le reste des Mamelucks. Tout le temps qu'il a été en Egypte, sa santé s'est assez bien soutenue ; deux fois seulement, ses yeux ont été très malades ; mais bien rétabli, il a mené depuis une vie bien active.

» Commandant dans la Haute-Egypte, il a parfaitement réussi dans les opérations les plus difficiles, pris Kosseir, fortifié Kené, chassé les beys les plus intrépides, administré de très grandes provinces et y a établi une

police inconnue depuis des siècles. Enfin, il a protégé
tous ceux qui cultivent les sciences et les arts et n'a pas
peu contribué, par ses soins et sa protection, aux inté-
ressantes découvertes qui ont eu lieu dans son arrondissement.

» C'est avec le plus vif plaisir que je vous parle avec
intérêt du général Belliard. Je suis lié d'amitié avec lui
et pour toujours ; je prends un vif souci de tout ce qui
le regarde et désire bien vivement vous délivrer de toute
inquiétude à son sujet.

» Les officiers Majou et Parat qui servent avec lui,
tous deux estimables par leurs bonnes qualités, se
portent aussi assez bien ; le dernier a été fait chef de
brigade. Je vous prie d'en informer leurs familles.

» Salut et estime.

» DESAIX. »

LE GÉNÉRAL BELLIARD

AVANT SA CAMPAGNE D'ÉGYPTE (1791-98)

Nous nous étions imposé la noble et douce tâche de présenter, dans trois tableaux, la vie du général Belliard ; nous disons la noble tâche, parce que le sujet en est grand par lui-même ; nous disons douce, parce que ce général est notre compatriote ; parce que c'est pour ainsi dire, à l'ombre de la maison où il est né, près de la place qui porte son nom et sous l'abri de son portrait en uniforme de général, que nous écrivons ces lignes. Nous ne craignons qu'une chose en les traçant, c'est d'être inférieur à notre objectif.

Augustin-Daniel Belliard, fils de M. Augustin et de dame Marie-Angélique Robert (1), naquit à Fontenay-le-Comte (aujourd'hui département de la Vendée), le 25 mai 1769, dans la maison devant laquelle se trouve la fontaine qui porte son buste, sur la place à qui l'on a donné son nom.

Il était en philosophie, lorsqu'en 1791 la première coalition forçant la France à faire appel au patriotisme de ses enfants, il se fit inscrire le premier sur la liste ouverte à la mairie de cette ville. Puis, les compagnies formées, eut lieu l'élection des officiers. Le procès-verbal

---

(1) Voir aux pièces justificatives B.

de cette élection, datée du 8 septembre 1791, porte ce qui suit :

« La 1re compagnie ayant fait et déposé son premier bulletin, M. Augustin Belliard a réuni quarante-huit suffrages sur cinquante-quatre votants ; au moyen de quoi, il a obtenu la majorité absolue. Nous avons annoncé le résultat du scrutin et proclamé le dit sieur Belliard, capitaine de la 1re compagnie. »

Est signé : J.-M. COUGNAUD, secrétaire-général.

Mais le modeste jeune homme, donnant pour motif son défaut d'expérience, crut devoir refuser et marcha comme simple soldat. Heureusement, le général Dumouriez, chargé de l'organisation du bataillon de la Vendée, ne pensa pas comme lui ; son œil investigateur avait découvert dans Belliard ce qu'on appelait de l'étoffe ; il le nomma capitaine d'office. Il fit plus, il voulut l'avoir avec lui comme adjoint à son état-major, et il l'obtint sans retard.

C'est en cette qualité que Belliard assista aux affaires de Grandpré, de Valmy, et se fit remarquer à Jemmapes (1) en chargeant à la tête des hussards de Bercheny, qui, sous ses ordres, se couvrirent de gloire, en tournant la redoute de gauche de l'ennemi, malgré un feu très vif d'artillerie, entrèrent dans la gorge et sabrèrent ce qui

____

(1) Exposition de peinture de 1887 : l'enlèvement des redoutes de Jemmapes, le 6 novembre 1792, salle 29, n° 2208 ; une des belles pages de nos annales militaires, parfaitement interprétée par M. Paul Sinibaldi. — *Moniteur de l'Armée*, 19 mai 1887, n° 40.

s'y trouvait. Ce fut lui-même, alors simple officier d'état-major, qui donna l'idée de cette nouvelle manière d'enlever les redoutes, qu'il devait conseiller, plus tard, avec tant d'avantage, à la célèbre bataille de la Moskowa (1).

Avec les hussards de Bercheny, Belliard se trouvait en pays de connaissance ; il avait passé une partie de son enfance avec eux à Fontenay même, où ce corps avait tenu garnison de 1777 à 1780 (2). Quand on a 10 ans et qu'on s'appelle Belliard, on remarque bien les choses et les hommes. Puis, en 1791, Bercheny avait reçu en incorporation un fort détachement de jeunes gens de notre ville et des environs ; c'était une connaissance bien rafraîchie ; aussi chère au chef qu'aux soldats.

Le lendemain de Jemmapes, il entra dans Mons, à la tête du même régiment ; il était alors passé à l'état-major du général Beurnonville ; il se signala devant Liège et surtout à Nerwinde, où il eut un cheval tué sous lui et reçut un coup de sabre. Sa bravoure le fit élever au grade d'adjudant-général. (Lieutenant-colonel d'état-major.)

En 1796, envoyé à l'armée d'Italie, commandée par le général Bonaparte, Belliard remplit les fonctions de chef d'état-major général ; commanda, par intérim, la

---

(1) *Mémoires du général Belliard*, pp. 4 et 88 ; édition de 1842, écrits par lui-même, etc.

(2) *Histoire des hussards de Bercheny*, depuis 1er de l'arme, par l'abbé Staub, 1867 : Fontenay-le-Comte, Robuchon, éditeur.

division du général Serrurier malade et se tint toujours,
avec une distinction marquée, au premier rang.

Aussi bien, voici venir Arcole. Tout le monde
connaît les difficultés énormes qu'il y eût à prendre le
pont. Bonaparte lui-même, ayant mis pied à terre, se
trouve dépassé par l'ennemi ; Belliard l'aperçoit, court
à lui, le dégage et, par le fait, le sauve. Ce fut le
troisième jour seulement que le pont fut emporté,
à la suite d'une savante manœuvre où il repoussa les
Hongrois.

Belliard fut, en plein champ de bataille, promu
général de brigade. D'une abnégation incomparable,
il refuse encore ce grade, mais on le force de l'accepter.
Sa réserve était de nouveau vaincue. Il est beau de
voir des hommes de cette capacité reculer devant la
responsabilité du devoir ; au fond, c'est la preuve qu'ils
le comprennent mieux et qu'ils ont plus d'aptitude pour
le remplir ; la modestie rehausse le talent. Mais ce qui
relève encore plus son mérite, c'est l'insistance, la persévérance, la conviction, avec lesquelles il défend son
refus ; ce sont de vrais retranchements à emporter
d'assaut. D'abord, comme un enfant qui va se garer
sous la protection de son père, il écrit à ce digne
vieillard, à Fontenay-le-Comte, la lettre qui suit :

« Armée d'Italie, décembre 1796.

» Mon bon ami,

» Le général Augereau, malgré mon désir à lui
exprimé de rester adjudant-général, vient de demander

pour moi le grade de général de brigade ; j'ai même en mains la lettre du ministre qui m'annonce ma nomination. Ne me croyant pas assez d'expérience pour remplir dignement des fonctions si élevées, et servant mon pays par amour et non par ambition, j'ai refusé l'avancement qui m'était offert. Je viens d'envoyer au général en chef et au ministre deux lettres à ce sujet.

» Je suis bien certain que tu les approuveras, toi qui m'as toujours recommandé de servir ma patrie sans ambition. J'aurais été d'autant plus heureux, que je savais toute la satisfaction que tu en ressentirais, mais j'ai cru devoir suivre ton exemple et tes conseils.

» Adieu, mon bon ami, etc.

» Auguste BELLIARD. »

A une telle altitude de pensées, on ne sait lequel on doit le plus admirer, ou le père qui a donné les conseils, ou le fils qui les suivait si ponctuellement.

Aussi bien, dans la réponse du ministre de la guerre, il y a une délicatesse, une attention de procédés que nous ne devons pas passer sous silence. La voici :

Le Ministre de la guerre au général de brigade Belliard,
à Vérone, armée d'Italie.

« 19 février 1797.

« Le Directoire exécutif auquel j'ai rendu compte, Général, des motifs qui vous ont engagé à refuser le grade de général de brigade, a arrêté, le 29 du mois dernier, sur ma proposition, que vous étiez autorisé à continuer les fonctions d'adjudant-général, avec les appointements qui y sont attachés. Pour vous donner une nouvelle preuve de la bienveillance et de l'estime particulière du gouvernement envers les officiers qui, comme vous, savent allier le mérite à la modestie, je vous préviens que son intention est que vous conserviez néanmoins le grade de général de brigade et que vous en portiez les marques distinctives. Je joins ici le brevet de ce grade.

» Je vous prie, Général, de vouloir bien m'en accuser réception. »

Est signé : Petiet.

Ceci posé, tout se trouvait parfaitement concilié.

Nous avons dit que ce grade partait en premier lieu du champ de bataille d'Arcole, où le général Belliard s'était élevé au sublime de la valeur, à l'héroïsme, nous n'y reviendrons pas, mais veut-on savoir ce qui s'était passé deux mois auparavant à son acquit ; qu'on lise le rapport officiel suivant :

ARMÉE D'ITALIE

QUARTIER-GÉNÉRAL DE FASSINO

1er hussards ; 4e et 51e demi-brigades, 6e compagnie du 7e d'artillerie, corps d'opérations du général Brun.

Rapport de ce général.

J'ai été parfaitement secondé par le général Verdier et je dois les plus grands éloges à la bravoure, l'activité, l'intelligence de l'adjudant-général Belliard.

L'adjudant Damour a aussi lui donné des preuves de grand courage ; surtout aussi, le capitaine Gros, de la 4ᵉ demi-brigade.

Signé : BRUN.

Pour copie conforme :

L'adjudant-général, chef d'état-major,

BELLIARD.

16 septembre 1796.

Voilà un relief exquis de Belliard ; puis, à côté de lui, l'adjudant Damour, encore un pays, un Vendéen, qui donne des preuves de grand courage. Nous en nommerons bien d'autres Vendéens, dans ces conditions, à l'article des aides de camp du général.

Reprenons le fil de notre récit, sous l'égide de son aide de camp Vinet : « Dès le lendemain d'Arcole, dit ce commandant, on se mit à la poursuite des vaincus ; une partie de l'armée les poussa sur Vérone, l'autre sur Vicence. Ce mouvement combiné eut tout le résultat qu'on s'était promis, c'est-à-dire la reddition du général autrichien Provéra, avec ses huit mille hommes. Pendant les trois jours que les deux armées furent aux prises, Belliard, constamment à l'avant-garde, donna l'exemple d'une valeur intrépide et reçut les félicitations d'Augereau qui se connaissait en bravoure. »

Peu de jours après, Bonaparte lui donnait ordre de se rendre dans le Tyrol, à la division Joubert.

Ce fut la 85ᵉ demi-brigade de ligne seule, qui, dans toute cette campagne, forma l'avant-garde sous le haut commandement du général Belliard, comme dans la Haute-Egypte, c'était la 21e légère, et au Caire, dans son dernier commandement, la 9e demi-brigade de ligne ; soit dit en passant, pour les régiments actuels portant ces numéros et qui liront cet ouvrage. Nous sommes au 27 janvier 1797. Le 3 février, le général Belliard avait fait évacuer par le général Alvinzi la ville de Trente, fait 300 prisonniers et pris 2 pièces de canon.

Le 20 mars, au plateau de Cimbra, il emporte 4 canons, 2 étendards et toutes les satisfactions du général Joubert; le 22 mars, après avoir empêché l'ennemi de tourner l'armée, il s'empare de plusieurs batteries et de 1,000 prisonniers à Landon ; le 23 mars, la position de Clauzen, enlevée à la tête de la 85e. L'heureuse conclusion de la paix, l'occupation de Vérone avec son avant-garde, telles sont les belles gerbes que le général Belliard a cueillies par lui-même, sans avoir les moissonneuses perfectionnées d'aujourd'hui.

La campagne étant finie de ce côté, il est appelé en Egypte et s'embarque le 6 juin 1798 ; nous avons vu, au commencement de cet ouvrage, comment il y avait récolté les épis des Pharaons ; c'était Belliard *pendant* son expédition d'Orient, nous venons de le peindre *avant* cette campagne ; nous allons retrouver

LE GÉNÉRAL BELLIARD

APRÈS, C'EST-A-DIRE PENDANT TOUT LE PREMIER EMPIRE
ET DEPUIS, JUSQU'A SA MORT

Il nous arrive d'abord, avec les trois étoiles de général de division ; c'est le digne couronnement de ses œuvres en Orient.

Et ici, nous nous trouvons en présence non plus de l'Egypte, mais de l'Europe presqu'entière, depuis la France jusqu'aux limites de l'Espagne et du Portugal, et depuis ces limites jusqu'en Russie ; voilà le théâtre où le général Belliard va figurer ; il faudrait une toile impossible, pour couvrir un pareil terrain. Donc, nous ne pouvons esquisser qu'à grands traits, qu'à vastes lignes.

A la fin de 1802, le général Belliard reçut le commandement de la Belgique, où trente ans après, il devait paraître, comme diplomate consommé et ambassadeur ; il occupa ce poste jusqu'en 1804.

En 1805, il est chef d'état-major général du corps de cavalerie de Murat. Ses agraffes de campagne pour cette année et les suivantes, portent : Austerlitz, 2 décembre 1805 ; Iéna, 14 octobre 1806, Prentzlow, 28 octobre même année, où il fit mettre bas les armes à 16,000 hommes d'infanterie et à six régiments de cavalerie, avec

45 drapeaux et 65 pièces de canons attelées ; l'année 1807 y ajoute Eylau, Friedland, Tilsitt ; en 1808 (1), le général Belliard passe à l'armée d'Espagne ; mais, par suite de l'entrée de nos troupes et sous la date du 8 mai de cette année, Madrid se met en pleine insurrection, et comme une traînée de poudre qui vient de prendre feu, sa révolte s'étend à presque tout le pays. Le corps de Murat l'étreint comme un aigle étreint ses petits dans ses serres. Un jour et une nuit suffisent pour forcer cette capitale à demander grâce.

Le roi Joseph y fait son entrée sous la protection des bayonnettes du général Bessières ; il est bientôt forcé d'en sortir et de se réfugier au camp français.

Madrid est comme un volcan qui, après avoir lancé ses flammes, les couve un instant pour mieux les vomir après.

Il fallait l'œil du maître et son bras pour une action décivise ; l'empereur arrive. Madrid, vigoureusement assiégée le 3 décembre 1808, se rend le 4. Belliard en est nommé gouverneur. Nos soldats se répandent dans le pays comme un torrent dévastateur ; ce général reste avec une garnison restreinte, mais il a son ascendant moral, sa douceur et sa fermeté, puis encore son tact, qui deviennent les rails sur lesquels il asscoit les bases de son gouvernement.

Une insurrection y ayant éclaté, au moment de la

---

(1) C'est cette année que Belliard fut nommé comte de l'Empire avec dotation ; son titre était comte de Plock.

bataille de Talavera, il se rendit seul, au milieu d'une population fanatisée, et par l'ascendant de sa présence, sa prudence et sa fermeté, sut, au péril de sa vie, la sauver des horreurs de la guerre. Aussi son nom est-il encore béni dans cette capitale de l'Espagne, où sa main répandit tant de bienfaits, en même temps que par une justice toujours noble, toujours éclairée, il savait aussi adoucir les fléaux de l'invasion et faire respecter nos armes.

Tout le monde sait les difficultés énormes qui ont surgi de cette campagne. Les lignes précédentes disent la manière élevée dont le général Belliard s'en est tiré, en ce qui le concerne. Ces difficultés devinrent telles, en 1809, que les troupes qui avaient été dirigées sur l'Espagne furent bientôt tout à fait insuffisantes ; il fallut y envoyer des renforts considérables, presqu'une seconde armée ; et, comme c'était d'urgence, force fut de réquisitionner sur tout le parcours, hommes, chevaux, voitures, charrettes, pour arriver plus vite et ne pas fatiguer les hommes. Alors, eut lieu un fait qui fait honneur aux habitants de Fontenay ; heureux de l'avoir recueilli de la bouche de témoins oculaires, je suis plus heureux encore de le transcrire.

1,200 hommes des 15ᵉ, 70ᵉ et 86ᵉ d'infanterie de ligne étaient de passage dans notre ville ; à leur arrivée, on les conduit sur le marché des Porches, aujourd'hui place Belliard, où se trouve sa maison dont nous avons parlé ; il n'y avait qu'un moment d'arrêt ; on n'avait ni le temps de prendre le café (je m'oublie, on n'en prenait pas alors), ni de faire la soupe ; mais, par une délicate attention, dictée par l'urgence, M. Laval aîné, alors maire de la localité, avait fait prier, à son de caisse, les habitants de préparer des soupes, de les tenir prêtes pour l'heure de l'arrivée, et de les apporter toute chaudes à nos soldats. Inutile de demander si nos ménagères se sont exécutées. Je connais trop bien les dames d'aujourd'hui pour douter un instant de l'empressement que leurs bonnes mamans ont pris à remplir les gamelles de nos troupiers. J'ai même trop bonne opinion de mes compatriotes pour penser qu'il n'y eût que de la soupe. Le pain, la viande, le vin, le petit verre n'y auront pas manqué. Nos soldats ne sont-ils pas les enfants de la famille, les enfants du pays, les enfants de la patrie, trois fois conséquemment les enfants de la France. La famille, c'est le sang ; le pays, c'est le sol ; la patrie, c'est la gloire et l'honneur, c'est le passé, le présent et l'avenir de la nation, c'est son âme, c'est son cœur ; quoi de plus français que ces mots !

Je me rappelle que, quand le 17ᵉ bataillon de chasseurs à pied fit étape à Fontenay, allant du camp de Lannemezan (Hautes-Pyrénées) à Rennes, sa fanfare ayant joué sous les fenêtres du *Cercle de l'Union*, on leur donna force vin de champagne pour arroser leur dîner du soir ; j'étais présent à l'arrivée de ce bataillon, le 30 avril 1866, à la réception dont je parle, et le lendemain 1ᵉʳ mai, à son départ.

Nos chers partants pour l'Espagne furent satisfaits à moins ; ils se contentèrent du vin de la contrée, qui, du reste, est fort bon et dont le meilleur pourrait, parfois, jouer le champagne ; ils avalèrent leur soupe et ses accessoires, avec le meilleur appétit du monde, rompirent les faisceaux, au premier roulement de tambour, et se portèrent lestement sur la grand'route de Niort où les attendait une formidable ligne de ces lents transports, qu'on appelle charrettes, chars à bancs, fourgons, etc. Hélas ! où étaient les chemins de fer et leur vertigineuse vitesse !

Le général Belliard s'était entouré, à Madrid, de son état-major ordinaire, le colonel Robert et le commandant Vinet, ainsi que du personnel habitué de sa maison.

Puis il s'était adjoint, comme commissaire des guerres, en 1811, M. Millouin, l'oncle de celui que tout le monde a connu dans ces derniers temps, à Fontenay, où il est mort, cette année même 1887, dans un âge très avancé.

Les commissaires des guerres avaient pour attributions l'administration, les revues et les polices des armées ; c'était à peu près l'intendance de nos jours : comme il n'y avait pas à cette époque de sections d'écrivains d'état-major, ni de commis d'administration, le général avait fait venir en Espagne quelques jeunes gens de Fontenay, de ses parents ou de ses connaissances, pour tenir les livres et travailler dans les bureaux. C'était simplement des employés civils autorisés, en dehors de la vie de soldat.

Le général Belliard resta gouverneur de Madrid jusqu'en 1812, époque à laquelle il fut rappelé pour prendre part à des choses, des événements, des batailles,

des dangers, des victoires, des défaites presque sans
pareilles dans l'histoire et qui allaient encore le grandir.
La Russie était en vue jusqu'à Moscou, et l'Espagne
n'était plus rien.

En lisant les nobles pages de ses expéditions militaires
et surtout sa campagne d'Egypte, on peut dire sans
crainte qu'il fut un général hors ligne ; les appré-
ciateurs de son action gouvernementale au Caire
(2 fois), à Thèbes, à Madrid, à Bruxelles, ajoutent
un degré de plus à ses qualités administratives.

Je suis bien aise d'avoir recueilli et de pouvoir exposer
ce jugement sur notre illustre compatriote, qui n'était
pas suffisamment connu jusqu'à nos jours. La condition
essentielle et indispensable pour bien juger, c'est l'étude
approfondie des hommes célèbres ; le temps est un
grand maître, qui fait la lumière et augmente le jour
du tableau, c'est alors qu'on aperçoit le développement
de ces forces vives, qu'ils avaient reçues du ciel, pour
devenir ce qu'ils ont été : de grands hommes, au service
de Dieu et de leurs semblables.

A ces qualités supérieures, Belliard joignait des
connaissances qui tiennent à l'histoire naturelle et un
peu à tout. Chez lui, le proverbe : « Qui trop embrasse,
mal étreint », n'avait pas d'application. Il avait étudié
la nature sous tous les climats les plus opposés ;
il n'en était que plus apte à connaître les divers
systèmes d'acclimatation.

C'est dans ce milieu qu'il voulut agir, en important
d'Espagne, dans les servitudes de son château de

Claveaux, commune de Saint-Valérien (Vendée), un nombreux troupeau de moutons-mérinos. Avant son départ de Madrid, il le mit en route pour France, sous la conduite de bergers espagnols, qui nous arrivèrent à Fontenay, un peu déguenillés et couverts eux-mêmes de peaux de brebis, comme des Jean-Baptiste dans le désert. Où étaient donc, encore une fois, les chemins de fer et les wagons-écuries de nos temps ! De Madrid à Fontenay, c'est loin et à pied encore. Il est vrai que le temps est le meilleur berger du monde, lui ! Il amène tout, avec ses jours, ses heures et ses minutes. C'est plus long, mais on arrive quand même.

Nos pastours ne firent que traverser la ville et s'acheminèrent vers Claveaux, qui put recevoir, dans ses écuries, la plus grande partie de ces mérinos ; le reste fut conduit à la ferme de Pahu, propriété de la famille, tout près de Fontenay. L'essai ne réussit pas ; pour que les choses marchent au mieux, il faut toujours l'œil du maître et d'un maître qui s'y connaît, et nous avons dit que Moscou était en vue ; c'est plus qu'il n'en fallait pour absorber les yeux du général, déjà très fatigués par le soleil de l'Egypte.

Les pauvres Espagnols, après avoir rempli leur mission, en furent quittes pour regagner leur frontière ; ce qu'ils firent, sans coup férir. On dit même qu'ils eurent peur, sur tout le parcours du territoire français. Ah ! chers Espagnols, ne tremblez pas, de grâce ; la France est toujours le pays de l'hospitalité ; du reste, nous n'étions plus ennemis, si jamais nous l'avions été.

Puis, n'avons-nous pas à Fontenay l'hôtel de *Fontarabie*, l'habitué de vos compatriotes, qui viennent tous les ans, c'est de tradition, acheter nos mules, pour remonter vos équipages de guerre ou de commerce.

Maintenant, nous sommes en partance pour France, et en 1812 ; voici le bilan du voyage :

Le général Belliard fit le trajet de Madrid à Fontenay-le-Comte, dans trois voitures d'équipage, pour lui et pour sa suite, composée de ses aides de camp, colonel Robert, commandant Vinet, son fidèle Aumann, fils de sa nourrice ; Jacques, son infatigable cocher, qui le conduisait partout, etc. Il vint, comme de droit, descendre dans sa famille, qu'il n'avait pas vue depuis de longues années. Il y a dans ces absences, dans ces retours, dans cette vie de campagne et d'administration, dans cette vie de haut commandement et de haute obéissance, dans ce contact avec des hommes de pays et de nationalités diverses, quelque chose d'indéfinissable ; on y puise des leçons faites pour grandir l'esprit et le cœur. Oh ! combien on devient *homme*, quand on sait monter dignement de pareils échelons !

Le général Belliard eût le plaisir de retrouver à Fontenay le dépôt du 1er hussards, ancien Bercheny, son régiment d'enfance, avons-nous dit, et plus tard de Jemmapes. Il occupait depuis 1808 cette ville qu'il laissa, en 1814, pour aller à Lyon. Me serait-il permis d'ajouter, que quelque temps auparavant, avait été évacué sur ce dépôt un de mes parents, venant de la portion principale du corps, armée d'Espagne, dans les

rangs duquel il avait été blessé, au champ d'honneur.
Il fut aussi lui heureux d'y revoir une partie de sa famille.
Comme témoignage de satisfaction de ses chefs, on lui
laissa son sabre, en souvenir de sa campagne. Un autre
de mes parents, maréchal-des-logis au même, y avait
été tué à l'ennemi.

Le séjour du général Belliard dans son pays natal, ne
fut pas de longue durée. La même année de son retour
d'Espagne, il est appelé à la guerre contre la Russie, en
qualité de chef d'état-major de la cavalerie, se distingue
à Smolensk, entre à Moscou, en sort l'un des derniers ;
se couvre de gloire à Mojaïsk, où il a deux chevaux tués
sous lui et où il est dangereusement blessé. Nommé
colonel-général des cuirassiers, en 1812, à la suite de
cette affaire, il couvre la retraite de notre armée avec
ces hommes d'élite ; réorganise, autant que possible,
notre cavalerie, à sa rentrée en Prusse, et arrive, dans
ces conditions, à Dresde et à Leipsick, où il eût le bras
cassé et deux autres chevaux tués sous lui. Puis, quand,
à la suite de cette épouvantable retraite, ses chevaux
furent tous morts ou mangés, il fut porté à dos ou
à bras, pendant plusieurs jours de marche, alternati-
vement par son aide de camp, le colonel Robert et son
intendant Pierre Aumann, par ses fidèles serviteurs
Jacques Matras, Louis Roussière et Louis Chalicq, son
palefrenier allemand, qui lui avait rendu de grands
services pendant la campagne et qui fut tué, en Saxe,
à ses côtés. Les autres ont survécu.

Le général Belliard parvint, dans cet état de dénûment

jusqu'à Mayence, où il remplaça, comme major-général de l'armée, le prince Berthier, qui se rendit à Paris, avec Napoléon. Il fit, en cette qualité, la campagne de France, jusqu'à la bataille de Craône, à la suite de laquelle il fut pourvu du commandement en chef de toute la cavalerie et de la garde impériale. Il combattit à la Haute-Epine, à Château-Thierry, à Fromenteau, à Craône, à Laôn, à Reims, devant Paris, et mérita, par ses éminents services, que l'empereur lui conférât le grand cordon de la Légion d'honneur.

Le général Belliard était présent aux adieux de Fontainebleau ; dans le beau tableau qu'Horace Vernet a consacré à cet épisode de notre histoire, il est facile de le reconnaître à son sabre à la Mameluck, que Mourad-Bey lui avait donné en Egypte.

A son retour de l'île d'Elbe, Napoléon lui donna ordre de se rendre auprès du roi de Naples, Joachim Murat, en qualité de ministre extraordinaire, moins pour y remplir une mission diplomatique, que pour diriger les opérations militaires des troupes napolitaines. Il partit de Toulon le 27 avril 1815 sur la frégate *la Dryade,* et eut mille difficultés à vaincre, pour arriver, à cause de la croisière des vaisseaux anglais dans ces parages. L'expédition ne réussit pas du tout, malgré ses excellents conseils ; l'affaire était déjà perdue ; Murat battant en retraite, et vaincu à San-Germano, fut obligé de se réfugier en France.

Le général Belliard lui-même, se préparait à mettre

à la voile, sur la goëlette *l'Etoile*, quand l'amiral Pelew lui fit signifier qu'il ne partirait qu'après avoir été visité, parce qu'on voulait savoir si Murat était à son bord. Le général donna sa parole d'honneur qu'il n'y était pas ; il ajouta qu'il se ferait couler, plutôt que de se laisser visiter ; que jamais il ne souffrirait une injure à son pavillon. Après bien des délais, l'amiral le laissa partir. La goëlette qui portait le général voguait à pleines voiles, lorsqu'un brick anglais, à la hauteur de Gaëte, lui envoie trois boulets qui la forcent à mettre en panne, car elle n'était point armée. Un officier se présente pour la visiter, Belliard déclare qu'il ne le souffrira pas; l'officier insiste et s'approche; le général saisit un pistolet et le menace de lui faire sauter la cervelle s'il ose mettre le pied à son bord; celui-ci le regarde, hésite et retourne à son vaisseau. *L'Etoile* continue sa route pour Toulon, où elle prend pied, le 20 mai 1815, après avoir éprouvé, près de l'île d'Elbe, une tempête qui la mit plusieurs fois en danger de se briser sur les rochers, dont ces côtes sont hérissées.

De retour à Paris, l'empereur nomma Belliard gouverneur des 3e et 4e divisions militaires, avec le commandement du 14e corps d'armée, qui se réunissait à Metz. Après la funeste bataille de Waterloo, il conserva toutes les places qui étaient sous ses ordres, fit lever le siège de Longwy, assura la tranquillité du pays. Remis en 1819, pair de France, dignité à laquelle il avait été élevé en 1814, il porta, dans ces hautes fonctions, jusqu'en 1830, la plume et la parole pour nos libertés, aussi noblement, aussi dignement qu'il avait porté l'épée pour la patrie.

Après les journées de juillet 1830, Belliard fut chargé d'aller notifier au cabinet de Vienne l'avènement du roi Louis-Philippe; il sut justifier cette confiance en faisant respecter dans sa personne le gouvernement français, et lever toutes les difficultés que l'époque avait fait naître.

En 1832, ambassadeur et ministre plénipotentiaire en Belgique, où il avait été trente ans auparavant gouverneur de Bruxelles, il eut, par son action diplomatique et militaire, une très grande part à l'indépendance de ce pays. Toutes les instructions qu'il avait reçues à Paris, au sujet de sa mission, portaient la paix, le désir de la paix dans tous leurs plis; c'était le vœu du gouvernement du roi, une paix honorable, qui excluait tout conflit entre les puissances; c'est vers ce but que convergèrent tous ses efforts, qui furent couronnés de succès. Cependant, une armée française dut paraître en Belgique; sa présence morale fit plus que ses baïonnettes; et quand elle eut paru, ce qui suffisait, le général Chassé, profitant de son retour dans la patrie, eut l'imprudence, occupant encore la citadelle, de jeter quelques bombes sur Anvers. Belliard part en poste, arrive dans cette ville, se présente seul à lui, et arrête le feu par sa voix puissante. C'est que les meilleurs guerriers, ceux qui font le mieux la guerre, je l'ai dit ailleurs, désirent et font la paix, parce qu'ils estiment leur qualité d'homme et de chrétien supérieure à leur qualité de soldat. Ainsi du héros dont nous décrivons le profil; des hommes comme lui ne versent le sang qu'à regret : *Virum et militem,* comme disaient les anciens; ils avaient eu la sagacité de comprendre que l'homme complet prime le soldat.

C'est à Bruxelles même, en pleines fonctions, que le samedi 28 janvier 1832, à trois heures du soir, en sortant du palais du roi, le général Belliard tomba dans le parc, frappé d'une attaque d'apoplexie foudroyante, à l'âge de 63 ans; sa mort fut un deuil général pour la Belgique.

Léopold Ier avait été mis à la tête de ce nouveau royaume le 21 juillet 1831; le 9 août de l'année suivante, il fut marié à Louise-Marie-Thérèze-Charlotte d'Orléans, fille de Louis-Philippe Ier, roi des Français.

Une chose manqua à Belliard, comme couronnement de ses efforts et de ses succès diplomatiques à Bruxelles, c'était d'y recevoir la nouvelle reine. Elle y fit son entrée solennelle, en grande pompe, ayant pour escorte d'honneur le 9e cuirassiers, qui deux ans auparavant tenait garnison à Fontenay-le-Comte, à l'effectif de trois escadrons, portion principale à Niort, et qui avait été désigné pour l'accompagner au complet. Je dirai plus tard quelques particularités de la présence de ce corps d'élite en notre ville. Toutes ces circonstances sont autant de nœuds qui rattachent davantage le général à ses compatriotes.

De pareils hommes n'ont pas besoin de panégyrique; leurs faits parlent assez haut et chacune des actions de Belliard était un éloge vivant pour lui; aussi bien, ne le disons pas trop haut, nous avons vu combien il était

modeste, pendant sa vie, nous pourrions troubler le
sommeil du juste, après sa mort; rappelons-nous qu'on
lui donnait ce nom, en Egypte. Cependant, pour notre
édification, et ne l'oublions pas, partout où il y a un bon
exemple à recueillir, il faut le saisir avec empressement,
pour devenir meilleur. Rien donc de plus à propos,
comme conséquence des principes que j'émets, que de
reproduire les lignes suivantes de son aide de camp,
commandant Vinet : « Bon, intègre, juste, affable,
généreux, le général Belliard était accessible à toutes
les prières, à toutes les misères. Terrible dans l'action,
après le combat, il mettait tous ses soins à adoucir les
maux inséparables de la guerre. Il aimait ses soldats,
comme il en était aimé. Toujours disposé quand même
à une bonne action; on le voit à Madrid, malgré les
ordres les plus précis, les plus positifs, suspendre
l'exécution du marquis de Saint-Simon, et faire arriver
sa fille jusqu'à l'empereur qui lui accorde la grâce de
son père. Mille autres actes d'humanité pourraient être
ajoutés à celui-ci.

» Le jour où l'on confiait à la tombe les restes
mortels de cet homme de bien, de ce Français vraiment
digne de ce nom, après le beau discours de M. Lehon,
ambassadeur de la Belgique, une voix s'élève de la foule
et s'écrie : Moi, je lui dois la vie; voilà mon oraison
funèbre. Celle-là aussi était éloquente. »

Pour lui témoigner une gratitude qui doit défier les
âges, les Belges lui ont élevé à Bruxelles même une
statue équestre, en tenue de général, avec cette légende :

AU GÉNÉRAL BELLIARD,

NÉ A FONTENAY-LE-COMTE (VENDÉE)

LA BELGIQUE RECONNAISSANTE.

La ville d'Anvers a donné son nom à l'une de ses places.

Heureux qui, comme lui, sait à la fois mériter la reconnaissance de l'étranger et l'admiration de son pays. Il n'est pas une seule maison dans Bruxelles, encore aujourd'hui, qui n'ait son portrait et qui ne le regarde comme le sauveur et le père de leur patrie.

L'amitié lui a érigé un tombeau, au cimetière du Père-Lachaise, à Paris. Nous lui envions ses restes, qui font un grand vide dans le nôtre, où reposent ses aides de camp, ses parents et ses amis.

Sa famille, qui le chérissait, s'empressa de faire célébrer, peu de temps après sa mort, dans l'église de Notre-Dame, un service des plus solennels pour le salut de son âme.

La ville de Fontenay, qui l'avait vu naître et qui avait suivi avec bonheur le cours de ses campagnes, ne voulut pas le voir mourir sans lui témoigner sa plus vive sympathie. Ce sentiment de nos compatriotes demandait quelque chose de plus ; les grands cœurs ne sont pas satisfaits, quand ils ne sont pas à hauteur de leur objet. En conséquence, le 1er novembre 1836, fut fixé pour inaugurer le buste du général Belliard sur la fontaine, située devant la maison même où il est né, sur la place à laquelle le Conseil municipal venait de donner son nom. On se rappelle que les armoiries de Fontenay sont une fontaine, qui est appelée la source des grands hommes :

Fonteniacum, felicium ingeniorum
fons et scaturigo

C'était un de plus à ajouter à la longue série de ses prédécesseurs. Merci à notre cité :

O toi la source des grands hommes,
Fontenay, perle à la belle eau ;
Belliard, au temps où nous sommes,
Est de ta part un vrai cadeau.

Ce buste, œuvre de Suc, sculpteur nantais, représente le général, tête nue, portant à droite son épaulette visible à l'œil, la gauche est recouverte des plis d'un manteau qui retombe sur sa poitrine. Il est en marbre blanc et d'une ressemblance parfaite. Il a coûté 3,000 fr.

Au jour susdit, les autorités civiles, militaires et judiciaires vinrent, avec les troupes, prendre position sur la place Belliard. Je vois encore le beau carré formé par notre compagnie de sapeurs-pompiers, toujours alertes, toujours dévoués, par la garde nationale, où se trouvaient aussi quelques vieux de la vieille, et par les deux escadrons du 3ᵉ régiment de hussards en garnison à Fontenay même.

La chronique dit, et sa voix me l'a répété, ces jours derniers, qu'un piquet se détacha du groupe, se rendit à l'Eglise de Notre-Dame pour faire escorte d'honneur au digne M. Augustin Dorion, archiprêtre-curé de cette église, qui, accompagné de tout le clergé de la ville, vint bénir le monument.

A son arrivée, la musique se fit entendre ; puis, après les discours et les cérémonies d'usage, eut lieu le défilé qui fut remarquable. Ces vieux de la vieille, auxquels nous réservons plus tard une mention, semblaient avoir retrouvé leur vigueur du temps passé, et les jeunes hussards tout l'entrain de leurs pères d'Eylau et de Friedland. Le 3ᵉ hussards arrivait depuis peu de Haguenau et avait pris sa part de la campagne de Belgique comme corps d'observation. Rien ne pouvait mieux être en harmonie. Le clergé fut reconduit avec les mêmes honneurs.

C'est que, quand on n'élève pas un monument jusqu'à Dieu, le monument, quelqu'il soit, n'est pas à hauteur. Lorsque celui dont notre compatriote avait partagé la gloire en Egypte, le général Desaix, mourut au champ d'honneur de Marengo, en décidant la victoire, Bonaparte le pleura et dit :

« A tant d'héroïsme, à tant de vertus, je veux décerner des honneurs, tels que nul mortel n'en reçut jamais de pareils. Je donnerai à Desaix les Alpes pour piédestal et les religieux du grand Saint-Bernard pour gardiens. » En effet, le corps du général fut transporté à cet hospice ; un tombeau somptueux, en marbre de Carrare, fut sculpté à Paris et envoyé au Saint-Bernard. Le jour des funérailles, le général Berthier, prince de Neuchâtel, qui représentait l'empereur, parla en ces termes : « Vénérables religieux du grand Saint-Bernard, au nom de l'empereur, je vous confie les cendres et l'épée du guerrier, mort à Marengo. »

A Desaix, qui avait fait partie de l'armée d'Italie, qui avait franchi les Alpes, Bonaparte donnait le Saint-Bernard pour tombeau, avec des religieux pour gardes d'honneur ; à ses soldats, morts à l'armée d'Egypte, il avait donné pour catafalque les Pyramides ; par ses ordres, leurs noms y avaient été inscrits, comme celui de Belliard l'était aux Cataractes, et, faute de prêtres, Dieu lui-même s'était chargé de veiller sur eux.

Dans de pareilles conditions, tout était en sa place ; les hommes et les choses se complétaient par ce Dieu qui, infini dans ses miséricordes, sait provoquer le repentir et donner le pardon. Puis, ces héros qui avaient arrosé de leur sang ces contrées lointaines, n'étaient-ils pas, à leur façon, des martyrs pour la patrie, et ne pourrait-on pas dire que les religieux de l'ancienne Thébaïde veillaient sur leurs cendres, comme ceux du Saint-Bernard sur Desaix ?

Quant à Belliard, reposant au Père-Lachaise, c'était les anges de la France qui veillaient et priaient pour lui.

Enfin, pour dernier couronnement, l'un et l'autre Desaix et Belliard ont leurs noms inscrits sur l'arc de triomphe de l'Étoile, à Paris.

Qu'il me suffise de dire, en terminant, que le 14 avril 1887 j'ai visité la maison du général Belliard dans tous ses détails ; elle est grande, vaste même, telle qu'au jour de sa construction ; on n'y a fait aucune réparation notable ; elle a le cachet des plus confortables édifices du temps où elle a été construite. On y voit la chambre où il est né, celle qu'il habitait, son cabinet d'étude, plusieurs autres chambres remarquables et beaucoup de servitudes. J'ai remarqué dans les caves l'orifice d'un souterrain, qui, passant sous la place, va rejoindre le château. Ces souterrains sont nombreux et ont leur issue sur plusieurs points des extrémités de la ville ; c'étaient des précautions prises pour son évacuation par les assiégés, en cas de défaite.

Le piédestal sur lequel repose le buste et qui sert de revêtement à la fontaine, est d'un fort mauvais effet et cache la partie principale de la maison. Le faire disparaître, c'est, à la fois, en dégager la façade et régulariser la position, en le faisant ériger, dans de meilleures conditions, au centre de la place. Dans cette occurrence, Fontenay voudra-t-il se laisser dépasser par Bruxelles, me disait un malin ces jours-ci ? Et sa photographie sera-t-elle dans toutes les maisons, comme en Belgique?... Et pourtant, le général Belliard est de chez nous, il nous appartient plus qu'à l'étranger. Toutes questions à résoudre, dans un temps plus ou moins long... En attendant, pour n'être pas incomplet, il nous faut retracer les inscriptions en lettres d'or qui décorent les plaques en marbre blanc du monument.

Celle de face contient ce qui suit :

Augustin-Daniel BELLIARD,
Comte, Lieutenant-général, né à Fontenay-le-Comte,
le 25 mai 1769 ;
Capitaine aux volontaires de la Vendée,
le 18 septembre 1791 ;
Officier d'état-major de Dumouriez à Jemmapes ;
Adjudant-général à Nerwinde ; général de brigade à Arcole ;
Gouverneur du Caire ; général de division en Egypte ;
Commandant la 26ᵉ division à Bruxelles, en 1801 ;
Chef d'état-major de la cavalerie de Murat, en 1805 ;
Grand-Officier de la Légion d'honneur à Austerlitz ;
Commandeur de la couronne de fer, en 1808 ;
Gouverneur de Madrid en 1808 ;
Colonel-Général des cuirassiers à Smargoni, en 1812 ;
Aide-Major de l'armée à Dresde et à Leipsick ;
Commandant-général de toute la cavalerie
Et Grand-Aigle en 1814 ;
Après l'abdication de Napoléon, Chevalier de Saint-Louis,
Pair de France, major-général. —
A son retour, ministre plénipotentiaire à Naples ;
Commandant les 3ᵉ et 4ᵉ divisions à Metz ;
Détenu en 1815 ;
Réintégré Pair de France, le 5 mars 1819 ;
Ambassadeur à Vienne, en août 1830 ;
Ministre plénipotentiaire à Bruxelles ;
Y décédé le 26 janvier 1832, à 62 ans.

Sur une des autres plaques, on lit :

Le Général BELLIARD
Se distingua à Jemmapes, Nerwinde,
Arcole, Civitta-Vecchia ;
Alexandrie, Chébreiss, les Pyramides,
Kosseir, Héliopolis, Bénoult, le Caire ;
Ulm, Austerlitz, Eylau ;
Friedland, Iéna, Frentzlaw ;
Madrid, 2 mai 1808 ;
Smolensk, la Moskowa, Mojaïs,
Dresde et Leipsick ;
Craône, Fontainebleau ;
Louvain, Anvers, Bruxelles.

Mais ce qui donne à la place Belliard une physionomie toute particulière de famille, c'est l'entourage de la maison du général Belliard. Ainsi, vis-à-vis, sous les Porches, se trouvait celle de la famille de son aide de camp, le colonel Robert, à l'est ; celles du commandant Vinet, son autre aide de camp (aujourd'hui ancienne demeure Hervineau) et du chef de bataillon Carbonnier, au midi ; celle de la sœur du contre-amiral Libaudière et du major Merson, au nord. Et, pour compléter cette belle escorte, voici que nous apercevons, au triangle qui couronne la maison du tonnelier Brochet, le visage de Jéhan Morison, architecte de Fontenay, le même qui a donné le plan du château de Terre-Neuve, bâti par Nicolas Rapin. (Ce dernier, né dans cette ville à la fin de 1539 et y décédé en 1608). Cette maison est signalée comme une des plus curieuses de la Renaissance. L'architecte semble y considérer si tout est correct et en ligne droite, dans la réunion de ces groupes improvisés. Eh ! oui ! cher architecte, tout est en harmonie ! Et tout l'ensemble est comme un bijou, enfermé dans un écrin, orné de pierres précieuses et émaillé des meilleurs souvenirs.

Et maintenant, notre tâche à l'égard du général Belliard est terminée ; nous allons la continuer au sujet de ses aides de camp ; les disciples sont dignes de leur maître ; inséparables de lui sur les champs de bataille, ils doivent l'être dans ces pages ; les hommes complets sont si rares, que quand on les rencontre, il faut, pour ainsi dire, les disséquer par des études sérieuses, afin de les imiter de plus près.

LES OFFICIERS D'ORDONNANCE

ET LES AIDES DE CAMP DU GÉNÉRAL BELLIARD

Le général était tellement attaché à la Vendée, il aimait tant ses compatriotes, que pendant tout le temps de sa carrière, il ne voulut point avoir d'autres officiers attachés à sa personne que ceux de Fontenay ou du département. MM. Martineau, Mathelon, les deux Walsh, Gentils, Parat, Majou, Robert-Dubreuil, Vinet étaient dans ces conditions. Les deux premiers, Martineau et Mathelon, qui étaient partis avec lui, en 1792, furent tués à ses côtés, à Arcole ; l'un des Walsh, frère de Mme de Lépinay, capitaine en 1807, légionnaire en 1812, fut emporté par un boulet de canon, en avant de Dresde, en 1813.

Gentils, nommé capitaine en 1807, à Kœnigsberg, vint, après la campagne de Russie, mourir à l'état-major du général, à Metz, en décembre 1813. Il avait épousé Mlle Mélanie Pervinquière, qu'il laissait inconsolable.

Le général, qui était son oncle, ne crut pas devoir lui donner de plus grande consolation qu'en lui écrivant qu'il était mort en bon chrétien, muni des sacrements de l'Église.

Parat et Majou avaient suivi Belliard en Egypte ; le premier était déjà chef de brigade à la fin de cette campagne, en 1800 ; le second n'a été colonel qu'en 1812. Ils ont survécu aux malheurs de l'époque, ainsi que Robert et Vinet à l'acquit desquels nous avons à donner les renseignements suivants.

LE COLONEL ROBERT

Le colonel Benjamin-Louis Robert-Dubreuil, fils de M. Augustin-Louis Robert-Dubreuil, propriétaire, et de dame Marie-Jeanne Bouron, est né aux Sables-d'Olonne ; mais sa famille était de Fontenay. Partagée entre le négoce et la magistrature, elle y habitait sous les Porches, aujourd'hui place Belliard (1).

Le général ayant épousé Mlle Marie-Angélique Robert, le colonel devait être son neveu.

Il avait dix ans de moins que lui et entra, à vingt ans, le 26 mars 1800, dans les hussards de l'armée de réserve.

Il promettait, par son aptitude, d'être ce qu'il fût : un militaire distingué.

Il eût lestement ses premiers galons ; devint, comme son maître, adjoint d'état-major et, sans tarder, son aide de camp. Il a servi à ses côtés, en Allemagne, en Espagne, alors que le général commandait à Madrid ; en Russie, pendant toute la campagne d'aller et retour ; nous avons dit précédemment les soins empressés qu'il lui avait prodigués ; enfin, dans celle de France, avant

---

(1) Nous avons trouvé un M. Robert, colonel (*sic*) de la garde nationale de Fontenay, en 1792 ; c'était probablement son oncle, comme nous l'allons voir ci-après, à l'article : Vinet.

et pendant les Cent-Jours. Il était déjà colonel de cavalerie. Nous sommes en 1815, continuons.

L'*Historique du 2ᵉ régiment de chasseurs à cheval*, parle ainsi de lui, page 131, édition de 1865, auteur le baron Gay de Vernon, chef d'escadrons audit :

9 juin 1815. Le colonel baron Mathis, du 2ᵉ régiment de chasseurs à cheval, nommé général de brigade, à la même époque, est remplacé par le colonel baron Robert, ancien aide de camp du général Belliard et ancien colonel du 26ᵉ chasseurs. Cet officier, qui était alors âgé de 36 ans, n'avait point sollicité cette nomination ; il servait seulement depuis 1800 et avait 12 campagnes. Il rejoignit, le 22 juillet, à la Palisse, son dépôt commandé par le major Guillaume et le conduisit à Niort.

Il partit immédiatement pour l'armée du Rhin, où les escadrons mobilisés du 2ᵉ chasseurs étaient constamment employés à l'arrière-garde et aux avant-postes.

Il y fit son devoir froidement et solidement, comme toujours ; il défendit le sol de la patrie, pied à pied, et se maintint dans le meilleur esprit, sans entraînement ni faiblesse.

Le 27 juin, il est à l'affaire de Suffel, où le capitaine Bouquet est tué ;

Le 28, à Bischeim, en arrière de la division Rottembourg ;

Le 1ᵉʳ juin, à Ilkirch et Strasbourg avec ses quatre premiers escadrons. Alors survint le licenciement général

de toute l'armée, par ordonnance du 16 juillet 1815.
Il se retira à Fontenay-le-Comte dans sa famille.

Sa fortune rapide avait été la récompense de nombreux faits d'armes qui lui avaient mérité une brillante réputation. La chute de l'Empire brisa sa carrière militaire ; il refusa les offres que lui fit la Restauration.

Admis à la retraite, il y mourut de chagrin de n'avoir pu arriver à une union fortement désirée, et fut enterré dans le cimetière de cette ville, le 11 juillet 1817.

Tous les officiers en retraite à Fontenay (ils étaient alors nombreux), sur la motion du commandant Vinet, son collègue, du chef de bataillon Mercier et du chef d'escadrons Fillon, du 19e dragons, lui firent ériger un monument encore existant ; le sculpteur Drouard (1) de la localité se chargea de sa confection, au prix de 1,200 francs.

Ce monument représente :

L'ange des batailles, assis sur un canon, la tête appuyée sur une urne funéraire, à l'ombre d'un drapeau dont les plis viennent gracieusement dessiner le contour de son corps ; sous son aile droite, une cotte de mailles, un casque romain, un bouclier à tête de méduse, une espingole et un oiseau de nuit.

---

(1) Le même qui a sculpté le Laocoon, Diane et Hercule qui sont à la façade du château de M. Pichard du Page, rue Pont-au-Chèvres, tout près de l'Eglise de Notre-Dame ; son fils a été longtemps professeur de dessin au Collège de Fontenay.

Sur une plaque de marbre, au côté droit, face au monument, on lit :

Ici

le corps de Monsieur

Le Baron ROBERT, Benjamin,

Colonel

de cavalerie, commandeur de la Légion d'honneur,

chevalier de St-Louis,

commandeur de l'ordre des Deux-Siciles ;

mort à Fontenay-le-Comte, le 11 juillet 1817.

Les deux plaques de face et d'arrière ont été enlevées ; leur place est restée vide.

Sur la plaque du côté gauche, face au monument, sont les vers suivants :

Intrépide soldat, à son pays fidelle,

Il fut des chevaliers l'honneur et le modèle

Colonel à trente ans, il meurt persécuté !

Passant ne le plains pas, ses malheurs ont cessé.

Cette épitaphe a été faite par le commandant Vinet lui-même.

Sous le drapeau du fond du monument, il y a

AU COLONEL ROBERT

SES AMIS

Drouard pinxit.

Le colonel Robert est enterré tout près du groupe des défunts parents du général Belliard.

Ci-après l'acte de son décès extrait de nos archives municipales :

DÉCÈS DE BENJAMIN-LOUIS ROBERT

« Aujourd'hui vendredi, onze juillet mil huit cent dix-sept, sur les neuf heures du matin, pardevant nous Luc-Marc-Jean Savary, premier adjoint, faisant en l'absence de M. le maire de la ville de Fontenay-le-Comte les fonctions d'officier public de l'état civil, sont comparus M. Charles Vinet, notaire royal, âgé de soixante-dix ans, oncle et cousin-germain par alliance du défunt, et M. Fidèle-Germain Raison, avocat, âgé de vingt-huit ans, neveu breton dudit défunt, demeurant en cette ville, lesquels nous ont déclaré que M. Benjamin-Louis Robert, colonel de l'ex-deuxième régiment de chasseurs à cheval, baron, commandeur de l'ordre royal de la Légion d'honneur, chevalier de l'ordre royal et militaire de Saint-Louis, âgé de trente-trois ans passés, né en la ville des Sables-d'Olonne, département de la Vendée, et demeurant en celle-ci, fils légitime de M. Augustin-Louis Robert-Dubreuil, propriétaire, et de Dame Marie-Jeanne Bouron, domiciliés en ladite ville des Sables, est décédé de ce matin, sur les trois heures, en son domicile, maison de Mme veuve Caldelar, sise Grande-Route de Niort.

» De tout quoi nous avons dressé le présent acte

duquel il a été donné lecture et qui a été signé des déclarants et de nous.

« Le registre est signé :

» VINET, RAISON et L. SAVARY, 1ᵉʳ adjoint. »

Mais, ces compagnons d'armes, ces amis du colonel Robert, auxquels je viens de faire allusion, je les ai connus, moi qui ai l'honneur d'écrire ces lignes funèbres. Et rien n'était plus beau que de les voir figurer, sous la Restauration, avec la spécialité de leurs uniformes de l'Empire, à nos processions de la Fête-Dieu : chefs de bataillon d'infanterie, chefs d'escadrons de cavalerie, de dragons, de cuirassiers ; capitaines de hussards, lieutenants de chasseurs à cheval ; capitaines, lieutenants d'infanterie, etc., etc.

Ces officiers s'appelaient : Commandants Petit-Laurent, Mercier, Vinet, Fillon, Barbe, Carré ; majors Merson, Gautron ; capitaine Marchais, amputé d'une jambe, que je vois encore avec son chapeau à la française et sa canne à la main pour s'équilibrer lui-même ; capitaines Godet, Macouin ; lieutenants Baudry, Cosset et Vinet, amputé d'un bras, père de l'ancien maire, Goguet et Martineau, celui-ci du 3ᵉ chasseurs à cheval, où Belliard avait été simple soldat et brigadier, un jour où son grand cœur, sa grande âme avaient été méconnus à tort ; et plusieurs autres, dont les noms m'ont fui, deux autres Martineau, un des gardes d'honneur, l'autre de l'infanterie.

Tous couverts de blessures ou d'infirmités contractées sur les champs de bataille. Leurs uniformes rapés, leurs moustaches blanchies, la couronne d'argent de leurs cheveux, devenus plus rares, la difficulté de leur démarche contrastaient admirablement avec les nouveaux uniformes, avec la prestesse, l'agilité, la désinvolture et la grâce de nos petits chasseurs du 8e et du 12e en garnison chez nous, et qui les encadraient à merveille, comme de jeunes enfants encadrent avec bonheur leurs vieux pères ou leurs aïeux. La plus grande partie portant à leur noble boutonnière la croix de la Légion d'honneur (1).

Voilà les officiers, ses compagnons d'armes ; l'étant de l'aide de camp, ils l'étaient nécessairement du général Belliard, à qui ces lignes sont applicables, ainsi qu'au commandant Vinet.

Voulez-vous des sous-officiers, à la suite de ces messieurs ? Voyez-vous ce détachement de jeunes gens de Fontenay, affectés sous l'Empire au 56e de ligne ; savez-vous ce qu'ils ont été ? des soldats N° 1er. Savez-vous ce qu'ils ont rapporté ? Je vais vous le dire : M. Héraud, farinier au moulin de la Roche, près le Guébraud, a rapporté les galons de sergent de grenadiers, et par dessus ses galons la croix d'honneur.

---

(1) Hélas ! Il en manquait plusieurs des enfants de la ville, morts au champ d'honneur, entr'autres, le fils d'un simple entrepreneur, Charles-Louis-Auguste Durand, chef de bataillon au 55e de ligne, emporté par un boulet, le 27 juin 1815, devant Compiègne.

(Tiré des actes de l'état civil de Fontenay).

M. Fillon, les galons de sergent-major de voltigeurs et la croix d'honneur ; M. Chevalier, les galons de sergent-major du centre, la croix d'honneur et la balle qui l'avait frappé. Elle avait été extraite de sa blessure et il la conservait précieusement dans un écrin avec sa décoration, quand il n'en portait que le ruban.

Ceux-ci, comme les autres, je les ai vus de mes yeux ; incontestable ce que l'on dit, quand on l'a vu ; mes souvenirs sont tellement présents, que je me rappelle avoir vu le sergent Héraud, avec sa croix sur sa veste blanche de meunier ; son pantalon était de même couleur, c'était l'uniforme de son état, le rouge de son ruban n'en ressortait que mieux.

Tous trois de ma connaissance spéciale ; M. Chevalier surtout, dont, après mon retour du 5ᵉ corps, en 1880, comme aumônier militaire, après 50 ans d'absence, j'ai pu recueillir le dernier soupir, et auquel j'ai facilité les honneurs ecclésiastiques et militaires, ayant demandé moi-même le piquet du 137ᵉ, auquel il avait droit.

Un autre, du même 56ᵉ, natif des Sables, nommé Rauturier, était également revenu sergent et décoré.

Ce régiment avait tenu garnison à Alexandrie, en Piémont ; je me suis souvenu d'eux quand j'y suis passé, dans mon voyage d'Italie, à l'aspect de la citadelle qu'ils avaient occupée, sous les ordres du général Despinoy, le même qui, commandant à Nantes, en 1830, avait mandé nos cuirassiers de Fontenay, comme sera dit plus tard.

D'autres, dans le même détachement, sont devenus

maîtres d'armes ; Rousseau, tambour-major ; Faucher,
porte-étendard, sous la Restauration, de notre compagnie de sapeurs-pompiers, si bien commandée par
M. Babin des Bretinières, capitaine, Boisumeau, lieutenant, Maire, sous-lieutenant, sortant du génie ; Plissot,
dit le Prussien ; Planchin, Marchand, Maynard et
jusqu'aux tambours Turpeau, Blanchard, Bourdet,
Hervé, Auger ; quel coup de baguette ils avaient ces
tapins et comme tous ces vieux avaient encore leur
désinvolture et se tenaient bien sous les armes, dans
les rangs de la compagnie susdite et dans ceux de notre
garde nationale, si longtemps aux ordres de M. Parenteau
de la Voute, capitaine adjudant-major Fillon, capitaine
Reynier, etc. Et plus tard, commandée par M. Armand
Brisson, organisateur d'un de nos bataillons de mobiles
pour la guerre de 1870.

Aussi bien et par dessus tout, n'avons-nous pas pour
compatriotes et compagnons d'armes du général Belliard,
le général Bonnamy de Belle-Fontaine, le vice-amiral
de Grimoüard dont le nom est écrit sur la porte de notre
hôtel de ville actuel où il est né, et le colonel de génie
Godard, de l'Hermenault.

Et nous autres, leurs successeurs, d'un âge moins
avancé, qui nous sommes assis sur les mêmes bancs de
nos écoles et qui, faute de table, y avons écrit, comme
eux, sur nos genoux, n'avons-nous pas compté dans nos
rangs, de près ou de loin, le contre-amiral Libaudière,
le contre-amiral Alquier, parent du général Bonnamy,
une partie de la famille du général Savin-Larclause :

le lieutenant-colonel Chateignier, le commissaire de
marine Puybaraud ; l'inspecteur général des classes de
marine *(sic)* Brunetière, parent de son homonyme, le
colonel du 1er chasseurs d'Afrique, si distingué de nos
jours (1885-86) ; le chef d'escadrons Hippolyte Bernard,
du 2e hussards, fils de l'ancien sous-préfet sous la
Restauration ; le médecin-major Brivin, le capitaine
de Brèche, tous deux des chasseurs d'Afrique et plus
tard des lanciers de la garde ; les commandants Merle
et Carbonnier, l'un au 83e, l'autre au 69e de ligne ; sans
oublier le capitaine Audé, parti de l'atelier de menuiserie
de son père et qui, d'abord au 14e de ligne, est passé
capitaine d'habillement au 13e de même arme ; le
capitaine Rataud, du 6e hussards, dont nous parlerons
plus tard ; le maréchal-des-logis Philippe Freland,
depuis garde d'artillerie, le fils du cordier ; le lieutenant
Pouponneau, frère du marchand de vin ; le docteur
Robuchon, ex-aide-major au 137e, le fils de l'imprimeur ;
le sous-officier de gendarmerie Balloteau, fils d'un
ancien chef de musique de notre garde nationale, etc.,
etc., tous portant de nobles décorations et quelques-uns
de nobles cicatrices ; et, certes, nous ne voudrions
oublier personne ; que ceux qui le seraient ici sous ma
plume, faute de renseignements, pensent qu'ils ne le
sont pas dans mon cœur.

Nos citations doivent se borner à ceux des jeunes gens
de Fontenay qui ne font plus partie de l'armée active ; ils
appartiennent à l'histoire. Quant à ceux de nos officiers
qui sont actuellement sous les drapeaux à un grade

quelconque, nous avons tous leurs noms, là, sous nos yeux ; ils sont relativement nombreux. Les inscrire dans ces feuilles, eût été pour moi une satisfaction majeure, mais leur modestie en eût été alarmée, car de même que chez le soldat il ne faut rien ôter à la vaillance, il ne faut aussi rien enlever à la modestie, ces deux vertus se grandissent mutuellement. Je parle avec d'autant plus d'assurance que dans leur nombre, il y en a dont le début a été si heureux, qu'il leur fait présager les plus hautes dignités militaires. Ces prémices posées, nous attendrons avec confiance d'autres citations qui seront plus à leur hauteur que les nôtres, celles de l'avenir : des citations à l'ordre du jour, à l'ordre de l'armée, etc. Nous attendrons les brevets de leurs grades successifs, ceux plus chers de la Légion d'honneur, et en fin de compte leurs états de services qui seront toujours dignes de l'armée et de la patrie, et qui leur donneront une place bien méritée parmi les hommes distingués de Fontenay, car, nous le voyons à chaque pas, Fontenay est aussi bien la source d'où jaillit l'épée que la source qui produit la toge ; et Rapin, dit l'histoire, revêtait aussi bien et avec la même aptitude l'une que l'autre ; nous savons que par imitation, un de nos jeunes capitaines est docteur en droit.

Terminons cette nomenclature par une arrière-garde, bien digne de ceux qui précèdent et qui se décompte par les commandants de la Jallet, dignes neveux du chef d'escadrons de Geutet ; des commandants de Maynard et de la Boutetière, ce dernier organisateur et chef du 3ᵉ bataillon de nos mobiles, blessé, fait prisonnier à la tête de la charge qu'il conduisait ; des lieutenants de Mouillebert, Vallette, etc., etc. Tout en présentant les armes à ceux qui ont si honorablement combattu pour la patrie et qui ont survécu à ses malheurs, versons nos larmes et nos prières sur ceux qui ne sont plus ; mais qui nous laissent pour consolation des héritiers de leur courage et qui le seront de leur grade comme de leurs vertus. Nous, prêtres, les lieutenants de Dieu, nous promettons le bonheur éternel à ces nobles défunts.

Le jour de l'inauguration du monument de Coulmiers, le général Bataille, commandant à Orléans le 5ᵉ corps d'armée, en faisant l'appel des morts, s'écriait : « Ils sont les martyrs de la patrie, ils ont droit au ciel et Dieu doit le leur donner ! » En entendant ces paroles, Mᵍʳ Dupanloup, le vieux soldat, comme il s'appelait lui-même, inclina la tête pour les confirmer et pleura.

Voilà ce que le général Belliard couvre de ses vertus et de ses leçons, depuis près d'un siècle, avec bien d'autres choses. Le bon exemple est contagieux comme le mauvais, et qui sait si tous ces braves, qui ont puisé primitivement leur verve dans les heureuses sources de Fontenay, ne sont pas allés la féconder dans les souvenirs des Cataractes, des Pyramides et de ses autres campagnes.

Le tour du commandant Vinet est arrivé, à lui sa part de gloire dans notre histoire militaire.

____

LE CHEF DE BATAILLON VINET

Le commandant Vinet (Jean-Baptiste) était fils de M. Charles Vinet, notaire royal, et de dame Marie-Geneviève Robert ; celle-ci fille légitime de M. Pierre-Daniel Robert, négociant, et de dame Modeste Arnaud, décédée en 1829, à l'âge de 71 ans, rue des Porches.

Le commandant Vinet était cousin-germain du colonel Robert par sa mère (1).

Cet officier supérieur est né dans la maison qu'occupait M. Hervineau, à l'angle de la rue qui donne sur les Halles, tout près de celle du général.

Le père du jeune Vinet avait porté la plume avec une honorabilité connue. L'arme du fils a été l'infanterie où il est parvenu au grade d'officier supérieur, avec une distinction peu commune.

C'est lui qui, maniant aussi bien la plume que l'épée, a eu l'honneur d'être le compilateur des œuvres du général, « car, dit-il, au moment où il venait de commencer à écrire ses mémoires, la mort l'a frappé ; c'est une grande perte pour la postérité. »

---

(1) Voir les pièces justificatives C. D. E. à la fin.

L'ouvrage est intitulé dans la teneur et la forme qui suivent :

MÉMOIRES

du comte BELLIARD, lieutenant-général,

pair de France, écrits par lui-même,

recueillis et mis en ordre

par M. Vinet,

l'un de ses aides de camp,

chef de bataillon en retraite,

officier de la Légion d'honneur, chevalier

de l'ordre des Deux-Siciles,

3 volumes.

A Paris, Berquet et Pétion, éditeurs,

libraires-commissionnaires,

11, rue du Jardinet,

1842.

Ces volumes ont été reliés en un seul.

Celui que j'ai l'honneur d'avoir en mains, et qui appartient à la famille Fleury des Marais, proche parente du général, contient :

23 pièces du général sur différentes batailles, Valmy, Jemmapes, Dresde, etc. ; — son action diplomatique à Vienne, en Autriche ; — ses rapports avec Joseph Bonaparte, à Naples et en Espagne ; plus tard avec Murat, comme plénipotentiaire à Naples ; etc., etc. ;

14 pièces dont 8 protocoles sur sa mission et ses instructions diplomatiques en Belgique :

11 notes prises par lui-même, sur ses campagnes d'Egypte ;

Tout ceci est imprimé dans ledit volume, auquel, à de certains intervalles, sont accolés les autographes suivants, écrits de la main même des auteurs :

1° Caroline Murat, ex-reine de Naples, Frohsdorf, 1er février 1821 1

2° Joseph Bonaparte, Vis-Kow, le 10 novembre 1812 1

3° De l'empereur au roi de Naples, Dresde, 6 octobre 1813 1

4° De Bonaparte, général en chef de l'armée d'Egypte, 1798, datée du Caire, à la veuve de l'amiral Brueix, tué à Aboukir : signature seule autographe, le reste copié 2

5° Du général Belliard, sur les affaires de Belgique, du 23 avril 1831 1

6° Enfin 12 lettres, dont une de Nice et les autres de Paris, où le général avait fixé sa résidence, écrites par lui-même à Mme ou M. Fleury des Marais, ses cousins (*sic*) ; ce dernier d'abord employé, puis garde général des eaux et forêts 12

D'autre part, pièces diverses 16

Mme veuve Fleury des Marais possède dans son salon, à Fontenay, où elle habite, un portrait du général Belliard en uniforme, peint à l'huile, bien conservé, ainsi que le sabre à la Mameluck qu'il portait en Egypte.

Nous sommes en vue du quartier de cavalerie, désormais *quartier* Belliard ; allons-y faire l'appel des régiments de cette arme qui y sont passés depuis plus d'un siècle. La liste en est longue, mais, au souvenir de Fontenay-le-Comte, qui est une bonne et agréable ville de garnison, du fond de leur tombeau, ils répondront encore bien volontiers : *Présents !*

LE QUARTIER DE CAVALERIE BELLIARD

ET LA LISTE DES RÉGIMENTS DE CETTE ARME QUI Y ONT TENU GARNISON DEPUIS SA CONSTRUCTION (1)

> *Marti manenti !*
> Au soldat de garnison.

Le ministre de la guerre venant de donner à ce quartier le nom du général Belliard et ayant prescrit que ce fait fut consacré par l'inscription suivante, envoyée de ses bureaux, pour être gravée sur une plaque de marbre et placée sur la principale face, nous nous empressons de lui donner ici tête de colonne, en la reproduisant dans toute sa teneur.

Mais, avant de fixer et de consolider cette plaque avec ce mortier fait sur le modèle de celui d'Egypte qui ne se détériore jamais, disons que cette inscription est la lettre parlante de notre beau quartier de cavalerie ; elle rappelle le général Belliard, d'une part, tandis que l'écusson, avec sa panoplie de canons, de lauriers et de drapeaux qui décore le frontispice triangulaire de l'édifice, rappelle la France, et que quatre trophées d'armes de cavalerie et d'infanterie, formant pendentifs aux quatre angles de la voûte de l'entrée principale, rappellent l'armée française.

---

(1) Le mot de quartier est spécialement affecté à la cavalerie ; celui de caserne à l'infanterie.

Voici l'inscription :

FONTENAY-LE-COMTE

—

Quartier Belliard

ANCIENNEMENT DE LA REMONTE

Comte BELLIARD
Augustin-Daniel
Né à Fontenay, le 25 mai 1769,
Capitaine au 1ᵉʳ bataillon de la Vendée,
Adjudant-général,
Général de division,
chef d'état-major général de la cavalerie
de la Grande-Armée,
Gouverneur de Madrid,
Colonel général des cuirassiers
Décédé à Bruxelles, le 30 janvier 1832

—

Nord, Ardennes, Ouest, Italie, Egypte,
Grande-Armée, Espagne, Russie, Saxe, France.

S'est distingué à Buo-Castelli, Saint-Georges, Bidalo,
Héliopolis, Le Caire, Salahié, Austerlitz, Prentzlou,
Madrid, Ostrowno, La Moskowa et Craône.

Cette inscription n'est que l'abrégé de ce que nous avons donné précédemment.

Du moment où notre quartier a l'honneur de recevoir cette dénomination qui est un légitime orgueil pour les habitants de cette ville, la grande figure de Belliard plane sur le monument, et le général couvre, par le fait, de sa glorieuse épée, le passé, le présent et l'avenir des troupes qui y ont tenu garnison.

Prié antérieurement par l'autorité militaire locale de fournir cette liste, demandée par le général commandant le XIe corps d'armée, j'ai eu l'honneur de rendre à ce général, le 28 mai 1887, une visite demandée par lui-même, sur le compte-rendu que lui avait fait le 17 précédent, de ce travail, son chef d'état-major; j'ai eu l'avantage de le lui soumettre en détail et de recevoir toute sa sympathie et ses encouragements (1). Ainsi écrire cette notice, c'est répondre à ses désirs, et pour qu'elle soit plus complète, nous remontons jusqu'à la démolition du château : nous voyons commencer la construction du quartier, qui reste en chantier pendant de longues années, et arrive enfin, après des difficultés et des délais de plus d'un genre, à pouvoir loger trois escadrons de cavalerie.

En 1720, époque à laquelle les hussards hongrois de Bercheny furent reconnus par l'Etat, régiment en pied, au service de la France, un gardien, sa femme et deux valets formaient toute la garnison du château de Fontenay.

---

(1) Le général chef d'état-major a bien voulu ajouter à cette bienveillance, celle de m'engager à envoyer cette brochure au *Cercle national* des armées de terre et de mer, à la *Revue de cavalerie* et au *Moniteur de l'armée*, pour que place soit donnée à son analyse dans leurs colonnes.

La France entrant dans une nouvelle phase de son existence à la fin des guerres de religion, il fallut songer à un nouvel ordre de choses. On construisit des casernes pour que les troupes y tinssent garnison, pendant les loisirs que leur donnaient les intervalles des expéditions militaires, toujours trop nombreuses à cette époque, et depuis, pour le bonheur de l'humanité.

Le 28 juillet 1750, le Conseil municipal de Fontenay donna l'autorisation de bâtir des casernes ; il faisait valoir l'excellence des fourrages, si propres à entretenir un régiment de cavalerie et enfin le besoin immédiat d'avoir un nouvel Hôtel de ville, où l'on pourrait loger les officiers de l'état-major de la garnison.

Les plans furent dressés par Parent de Curzon, architecte, sur l'ordre de l'intendant du Poitou.

Les dépenses présumées pour les casernes étaient de 62,595 livres 1 sol 10 deniers ; de 19,208 livres 2 sols 8 deniers pour l'Hôtel de ville qui ne fut pas exécuté.

Le terrain sur lequel est établi le quartier actuel a été acquis par la ville, de dame Marie-Magdelaine Loizeau, veuve de M. Joachim Rousseau, et de son fils mineur. (Acte reçu par Me Blondeau et son collègue, notaires à Fontenay, le 7 avril 1750).

Sa construction a été exécutée également aux frais de la ville et n'a été terminée qu'en 1768. Il appartient aujourd'hui à l'État, le Conseil municipal ayant renoncé, par décision du 11 février 1811, à sa propriété, à cause des frais d'entretien. (Archives dudit quartier).

Je dois ajouter qu'il est l'un des mieux conçus et des

plus habilement exécutés, au dire de tous les généraux inspecteurs qui l'ont visité.

Il fut bâti avec des pierres tirées du château et d'une carrière située près le Coq-Hardi, sur la route de la Rochelle; une plume autorisée dit qu'il était terminé en 1754; il résulte de l'accord de mes recherches sur l'*Histoire de la cavalerie,* du général Suzanne, et de ce que je viens d'établir officiellement, qu'il était encore en construction sous cette date. Cependant, dès 1750, Royal-Normandie cavalerie, colonel de Béthune-Sully, avait pris ses quartiers d'hiver à Fontenay, pendant quelques mois seulement, pourquoi fut-il dirigé si tôt sur Lille, en Flandre; c'est que les hommes étaient devenus une charge pour l'habitant qui les logeait et que les officiers étaient obligés de se loger eux-mêmes à l'auberge de la *Truie-qui-file;* ce n'était pas, on le pense bien, un hôtel de premier ordre.

Ce régiment et le suivant avaient le chapeau à la française, le même habit bleu-de-roi quant au fond; parements, collet, revers rose, boutons blancs pour le premier, qui devint 27e dragons; cramoisi pour le second, qui prit plus tard le nº 25e dragons.

Royal-Bourgogne cavalerie, aux ordres du marquis de Brissac, vint faire un essai de garnison en 1769-70. C'était l'ancien régiment du prince de la Roche-sur-Yon, Louis-François de Bourbon; il occupa le quartier tout entier, terminé depuis un an.

Royal-Bourgogne ne fit pas long séjour à Fontenay. On resta sans troupes et on y serait resté longtemps, sans l'incident qui vint mettre contr'ordre au départ des hussards Bercheny et Chamborant pour les guerres des Etats-Unis. Ces deux régiments avaient été en effet désignés pour cette campagne ; ils étaient en route pour s'y rendre quand le ministère, changeant d'avis, dirigea en leur place sur l'Amérique, la cavalerie de Lauzun, composée de deux compagnies de lanciers et de deux compagnies de hussards. Ce furent les seules troupes à cheval que le gouvernement français envoya, en 1780, sous les ordres de Rochambeau. En conséquence, les hussards de Bercheny eurent pour nouvelle destination la garnison de Fontenay-le-Comte, où ils arrivèrent dans les premiers jours de Carême 1777, et où restèrent trois escadrons et l'état-major. Des trois autres, l'un fut placé à Luçon, l'autre à Sainte-Hermine, l'autre à Mareuil.

Le régiment avait pour aumônier un moine blanc, qui, en semaine, disait la messe dans l'église des Jacobins, paroisse de Saint-Jean ; le dimanche à la plus grande église, en présence des hommes en armes.

Son colonel, M. le marquis de Bercheny, qui se trouvait parent de la famille de Chabot du Parc-Soubise, commune de Mouchamps, aujourd'hui Vendée, s'empressa d'aller lui rendre visite (1).

---

(1) Récit du château quand j'en étais aumônier moi-même. Ce château avait été, dans des temps plus reculés, la propriété des Soubise, les fameux favoris de Henri IV. Ce monarque les visita deux fois, la dernière en 1587, alors qu'il se rendait au siège de Fontenay, où l'on pouvait voir encore, il y a deux ans, la casemate mise à sa disposition, rue du Bédouard, près le puits de l'Epinette et près de l'orifice d'un souterrain qui montait audit château.

C'est de Fontenay que partit, le 22 août 1779, le 1er escadron de ce corps pour entrer dans la formation des Hussards-Colonel général, dont le duc de Chartres venait d'être nommé chef de corps.

La tenue de Bercheny était fort belle, pelisse, dolman et culotte bleu-ciel, tresses blanches pour les hommes, d'argent pour les officiers. A ce régiment appartenait Stofflet, simple hussard, qui plus tard a joué un grand rôle dans la Vendée, placé d'abord comme garde chez M. le marquis de Colbert à Maulevrier ; le hussard Tencré, laissé au Parc-Soubise, comme homme de confiance, que j'ai vu en 1839, trappiste au monastère de Belle-Fontaine, en Anjou, et plusieurs autres restés lors de leur libération à Sainte-Hermine, Luçon et Fontenay (1).

Les Hussards-Bercheny furent remplacés dans nos murs, en 1781, par les *Dragons de Lescure,* du nom de leur colonel marquis de Lescure, qui prit possession de ce régiment en 1745 ; il s'appelait auparavant Dauphin-Dragons, créé en 1675.

Le colonel de Lescure a été tué à la bataille de Plaisance, le 16 juin 1746. Le régiment y fit des prodiges de valeur, dit l'*Histoire de la cavalerie ;* il eut 2 capitaines tués et 11 officiers blessés.

Le colonel qui le commandait à Fontenay s'appelait de Surgères-Puyguyon (Charles-Henri), promotion du 8 avril 1779.

---

(1) Voir l'*Histoire du régiment,* par l'abbé Staub, auteur de cette notice.

Sa tenue était habit vert, veste et culotte chamois, revers écarlate, aiguillettes de la couleur distinctive, boutons blancs, manteau gris, et casque à crinière ; cet uniforme lui avait été donné en 1763.

Dragons-Lescure, parti de Fontenay en 1787, est devenu 7e dragons en 1791.

En 1789 et le 27 janvier, un des membres d'une de nos familles les plus distinguées, M. Charles-Louis-Marie de Grimoüard, seigneur de la Loge, de Saint-Laurent, etc., ancien capitaine au régiment de Saintonge, épousa Mlle Henriette-Julie du Bouëx de Villemort, fille de M. Henri-Joseph du Bouëx de Villemort, ancien capitaine de dragons au régiment de Lescure. Ce mariage fut célébré dans l'église de Notre-Dame de Fontenay par M. Bridault, curé-doyen de cette ville, les jour et an que dessus.

Au départ de Lescure-Dragons, le quartier fut occupé par Royal-Lorraine cavalerie, portion principale à Niort, 1789. L'uniforme de ce corps était habit bleu, avec collet et accessoires aurore, boutons blancs timbrés n° 13, chapeau à la française ; il fut bientôt appelé à Versailles, son colonel était le vicomte de Rouault. Il passa plus tard 24e dragons.

L'*Annuaire* de 1791 cite Dumouriez, comme maréchal de camp à la 12e division militaire, avec résidence à Fontenay. Dans une lettre datée de cette ville, le 2 septembre 1791, il envoie des ordres à un escadron du 16e dragons, commandé par M. Pierre Levée, à Ancenis, etc., etc.

Le 1ᵉʳ octobre 1792, le quartier fut classé par Lasserre, commissaire des guerres, parmi les places de l'Ouest (*sic*).

En 1794, le 19ᵉ dragons fut formé, moitié à Angers, moitié à Fontenay, c'est là que servit le commandant Fillon et plusieurs autres de la ville.

Nous n'avons pas à nous occuper des calamités intestines qui désolèrent la Vendée à cette époque, et particulièrement Fontenay, dont le quartier n'avait, en permanence, qu'un détachement de gendarmes à cheval. De tels malheurs doivent être voilés par la tristesse, comme dit Tacite :

Domestica mala tristitiâ operientur.

Nouvelles difficultés de permanence de garnison ; les guerres continues de cette époque, où toutes les troupes étaient en campagne. Enfin, en 1806-1807, nous eûmes quatre escadrons de lanciers polonais ; puis le 8 septembre 1808, le dépôt des anciens hussards de Bercheny, devenu 1ᵉʳ de l'arme depuis 1791, s'achemina de Coblentz sur Fontenay-le-Comte, ancien emplacement du corps, tandis que la portion principale recevait l'ordre d'aller de Prusse, où elle se trouvait, en Espagne ; le dépôt resta jusqu'en 1814 dans nos murs.

Le 27 juin 1813, cinq ans après, rentraient en France les différents corps de cette armée, dont le 10ᵉ hussards fut évacué sur notre ville. Il portait dolman bleu-clair, collet et parements rouge, tresses blanches et pantalon rouge. Les habitants lui firent un excellent accueil et donnèrent un bal aux officiers à la salle de spectacle pour leur souhaiter la bienvenue. C'est dans ce régiment que se trouvait alors encore présent le maréchal-des-logis Guindé qui, le 9 octobre 1806, dans une charge impétueuse contre la cavalerie allemande, passa son sabre au travers du corps du prince Louis de Prusse, qui tomba victime de sa valeur. Le sous-officier Guindé était très connu à Fontenay ; j'ai recueilli à son sujet les témoignages de ceux de son temps, qui jeunes plus ou moins alors, sont aujourd'hui des anciens pour nous (1).

Le sabre en question a été porté pendant toute la guerre de 1870-71 par le colonel Juncker, du 10ᵉ cuirassiers ; c'est avec ce sabre en main, qu'il a commandé et conduit à Gravelotte la charge où son régiment et le 10ᵉ de l'arme ont broyé un corps de hulans et de cuirassiers blancs de Bismarck.

Une autre version dit que le maréchal-des-logis Guindé avait été nommé sous-lieutenant, et qu'il a été tué à l'ennemi, à Hanau. Tant il est vrai que la vérité n'est pas toujours facile à connaître et que ce n'est pas sans raison qu'on la peint quelquefois avec un bandeau sur les yeux. Cependant cette version doit tomber devant le témoignage des témoins oculaires qui l'ont vu à Fontenay.

N'oublions pas qu'une des plus belles fleurs du 10ᵉ hussards, est d'avoir eu pour colonel celui qui est devenu le général Lasalle et l'un des plus distingués de la cavalerie légère.

---

(1) Voir l'*Ami du Soldat*, Lyon, nᵒ 10, 15 octobre 1886.

Une partie de ce régiment fut versée au dépôt du 1er hussards, pour augmenter son effectif qui était très réduit. Ce dépôt partit de Fontenay vers le mois d'août 1813 pour Lyon, où venait d'arriver d'Espagne la portion principale n'ayant plus à l'effectif que 220 hommes; le colonel Merlin, qui la commandait, recevait, le 14 juillet, ses étoiles de général de brigade, et avait pour successeur le colonel Clary. Résumons la position de ce corps de 1808 à 1814.

1808. — 1er hussards, colonel Baron de Juniac, en Espagne; dépôt à Fontenay-le-Comte.

1811. — Même emplacement, colonel Merlin.

1813. — A Lyon, dépôt à Fontenay, etc., colonel Clary.

En même temps que ces divers mouvements s'exécutaient, le 2e Hussards-Chamborant laissant également la Péninsule, était à destination de notre ville, trois escadrons seulement, colonel de Ségauville; les deux autres étant déjà en route pour la Grande-Armée qui avait pour objectif la Russie.

La ville, le grand et le petit quartier, ce dernier aujourd'hui salle d'asile et, où d'ordinaire étaient installés les différents ateliers, surabondaient de troupes.

On dût loger les arrivants chez l'habitant. Toute la rue de Saint-Jean et celle des Loges devinrent un quartier provisoire de cavalerie; le magasin d'habillement fut placé dans la rue du Bédouard, maison occupée par M. de la Jallet. Les bruns-marons, pantalon bleu-ciel étaient, avec leur kolback, des malins comme le 10e; j'ai

photographié leur arrivée et leur séjour à Fontenay, où,
après les privations de leurs longues campagnes et
militairement parlant, ils se donnaient tout à gogo ;
je n'ai plus qu'un mot à ajouter sur leur départ. On
aurait dit que dans les délices de la vie pacifique de
garnison, ils auraient dû laisser leur bancal au clou ; pas
du tout, la peau, comme on dit vulgairement, leur
mordait ; faute de l'aiguiser sur celle de l'ennemi, il n'y
en avait pas mal qui l'aiguisaient sur celle de leurs
camarades. Les jours qui précédèrent leur départ pour
la Russie, il y eût au moins, entr'eux, une douzaine de
duels ; c'était apparamment pour ne pas se laisser
engourdir la main ; heureusement que le père le
Brasseur, instituteur au faubourg Saint-Jean, savait tant
soit peu préparer la charpie et poser les bandelettes ;
c'était lui qui s'improvisa leur aide-major et qui leur
donnait ses soins. Aussi bien, malins Chamborant, que
faisiez-vous ; n'auriez-vous pas mieux fait de garder
votre sang pour la Patrie ? Hélas ! Ils l'ont bien versé
dans les steppes de la Russie où ils sont allés mourir
quelque temps après (1) !

Nous sommes en 1813 et nous assistons au départ
subit et précipité des régiments stationnés dans nos
murs. Le général Belliard était parti dès 1812 ; on sait
que sa place était toujours à l'avant-garde. Que s'était-il

---

(1) Voir l'histoire de ce régiment par l'auteur de cette brochure.

Nous garderons votre souvenir quand même et celui des jolies
retraites en fanfares que donnait à nos aïeux votre gros trompette-
major à partir de la place du Marché et sur le parcours de la ville.

donc passé ? Hélas ! après les plus belles victoires..., les plus grands désastres ! L'armée française avait bien pu vaincre les Russes jusqu'à Moscou, mais elle n'avait pas d'engin pour vaincre les éléments qui, dans sa désastreuse retraite sur la France, l'engloutissaient dans les neiges, les glaces, les frimas, les avalanches des climats du Nord.

La patrie était une fois de plus en danger et rappelait le reste de ses enfants sous les drapeaux. La création de quatre régiments de gardes d'honneur à cheval fut décidée.

Si je donne ici leur place à des soldats qui n'ont avec nous qu'un contact plus ou moins long de garnison, je dois, à plus forte raison, donner dans ces pages tête de colonne à des jeunes gens qui sont nos parents, nos amis, nos connaissances. Le détachement de Fontenay et du reste de la Vendée devait être incorporé dans le 3ᵉ régiment en formation à Tours, pour tout l'Ouest, sous la haute direction du général de Ségur et sous les ordres du colonel de Castellane, depuis maréchal de France ; le marquis de Saluces était leur commandant. On avait dû ne faire appel qu'aux hommes possédant une certaine fortune, parce qu'ils devaient s'habiller, se monter et s'équiper à leurs frais. Leur uniforme était incontestablement beau. Pelisse verte, tresses blanches, dolman, schako, pantalon rouges ; revers et collet de même nuance, bottes noires sur le pantalon, épaulettes et aiguillettes d'argent pour l'officier.

Le détachement de la Vendée vint se réunir à la

Roche-sur-Yon, à l'effectif de soixante et quelques cavaliers. Comme il n'y avait pas d'officiers, le commandement provisoire en fut confié au baron du Landreau, des Herbiers, doyen d'âge (27 ans) ; M. Alexandre de Chabot du Parc-Soubise, commune de Mouchamps, qui était le second d'âge, fut chargé des fonctions de fourrier et d'aller en avant préparer les logements. Ce dernier, soldat dans l'âme, fut nommé brigadier en arrivant à Saumur, par le général de Ségur qui était son cousin.

Notre cadre ne nous permet pas d'aller plus loin ; mais nous sommes à même de reproduire l'historique de ce brave 3e régiment des gardes d'honneur, depuis son départ de la Vendée pour notre détachement, et de Tours pour le corps entier, jusqu'au-delà de Leipsick, où il est allé, en réalisant si bien l'agrafe de son nom : *honneur*. Il y a des faits admirables à l'acquit de nos compatriotes, dans cette retraite qui nous a coûté si cher.

Une plume moins chargée d'années que la mienne pourra les redire un jour. Voilà comme ils sont partis... Mais comment sont-ils revenus ?

M. du Landreau, lieutenant, a continué la carrière jusqu'au grade de chef d'escadrons inclus, au 5e cuirassiers ; plus tard décoré. M. Alexandre de Chabot est revenu lieutenant et proposé, sur le champ de bataille, pour la croix d'honneur. M. Martineau, de Fontenay, maréchal-des-logis et décoré. Le brigadier de Péan de Vauäoir, noble breton, décoré sur le champ de bataille pour un fait *inouï* dans nos fastes militaires.

Je ne puis résister à la pensée d'exposer ici le fait *inouï* dont je parle.

Le brigadier de Péan de Vauãoir s'aperçoit, au moment d'une charge commandée par l'empereur en personne contre un régiment de cuirassiers bavarois, qu'il a perdu son sabre, sorti du fourreau dans un mouvement au galop. Passez au second rang, lui dit le lieutenant Alexandre de Chabot. Oh ! non, dit celui-ci, jamais. Il prend son pistolet ; arrivé en présence, il le décharge sur celui qui lui fait face, puis, au moment où celui-ci tombe, il saisit son sabre par la pointe, le fait précipitamment glisser dans ses doigts jusqu'à la poignée et le retourne sur un autre cuirassier qu'il met hors de combat.

MM. Merland, Auguste Brossard, Jacquet, de Tinguy, qui a enlevé Rheims avec son peloton, etc., etc., en faisaient partie. Je conserve, parmi mes souvenirs militaires, le dolman, les épaulettes et aiguillettes, ainsi que le bonnet de police de celui qui s'est le plus distingué parmi les officiers que je viens de nommer, le lieutenant de Chabot. Naguère, l'officier de réserve de Fonrémis, l'habile artiste qui consacre son pinceau délicat à l'illustration de l'historique du 6ᵉ hussards, est venu en copier la forme, les détails et les agréments à mon domicile. Il était heureux de les prendre sur le fait. Je continue.

A partir de cette époque, la France était considérablement envahie ; la patrie était en grand danger ; les soldats lui manquant, il fallut en improviser avec les gardes nationaux.

M. Parenteau-Lavoûte commandait celle de l'arrondissement de Fontenay ; M. le comte de Chabot du
Parc-Soubise, celle de l'arrondissement de la Roche-
sur-Yon.

Ce dernier ayant reçu l'ordre de partir, M. Parenteau-
Lavoûte réclama la priorité ; les hommes de cœur
sauront toujours gré à sa mémoire, de cet acte de
courage et de patriotisme. Il se porta au-devant de
l'ennemi avec nos concitoyens. Son collègue dût rester
au pays. Il était le frère aîné de M. Alexandre de Chabot
dont il a été question plus haut.

Un an après, l'armée entière était licenciée, il n'y
avait plus rien, il n'y avait plus ni tambour, ni trompette,
ni officier, ni drapeau, ni soldat ; il n'y avait plus rien,
rien, absolument rien ; le grand cataclysme de la retraite
de Russie avait tout emporté. Debout devant un pareil
malheur, Cambronne avait dit : la garde meurt et ne se
rend pas ! et ceux de nos soldats qui avaient survécu,
s'étaient roidis comme lui, contre l'infortune, ils avaient
été supérieurs à la position, par l'abnégation, l'esprit de
sacrifice avec lesquels ils avaient subi ce renvoi dans
leurs foyers, cette grande défaite morale, plus humi-
liante peut-être pour eux que l'immense désastre matériel
qu'ils venaient d'éprouver ; c'est la pensée du maréchal
Gouvion Saint-Cyr exprimée en pleine séance de la
Chambre des députés, 26 janvier 1818. Les choses étant
ainsi, il fallut procéder à ce licenciement général. Le
16 juillet 1815, les 4e et 5e cuirassiers furent évacués
sur Fontenay pour y déposer les armes. Ceux-ci eurent

au moins la consolation de les verser, pour ainsi dire, entre les mains, ou plutôt sous la tutelle et dans la ville natale de celui qui avait été le commandant général de tous les cuirassiers. Là leurs cuirasses, leurs casques, leurs sabres étaient en sûreté et malheur à qui serait venu y toucher du doigt.

Du 4ᵉ cuirassiers faisait partie le maréchal-des-logis chef Reynier, ce type de vieux soldat et d'honnête homme, qui, à Waterloo, avait ramassé 36 blessures, partagées entre lui et son cheval de bataille ; Hants était le nom de cet animal intelligent ; il fut vendu comme les autres, et un jour que ce digne homme, ayant repris ses galons dans la gendarmerie au poste de la Châtaigneraie, était venu à Fontenay, le sensible et sympathique Hants le reconnut, hennit et appela son ancien maître, comme il l'appelait au régiment ; l'ancien maître s'approcha de lui, le caressa et se retira en pleurant. Tout cela entre dans les études d'observations que nous traversons tous les jours dans la vie. L'empereur, la veille du malheur, passant devant le front du 4ᵉ cuirassiers avait dit : Combien d'hommes à l'effectif ? 80, sire !... Remarquez, avait répliqué celui-ci, tant qu'il y aura un seul homme, ce sera toujours le 4ᵉ cuirassiers ! Nouvelle leçon d'élévation d'esprit dans le cours de notre frêle existence. M. Reynier est devenu plus tard porte-drapeau, puis capitaine dans la garde nationale, puis préposé en chef de l'octroi de Fontenay ; il avait l'estime de tous les habitants de la ville.

Le 5ᵉ cuirassiers, aux ordres du colonel Christophe,

était celui qui avait emporté les redoutes de la Moskowa, d'après le système inauguré par le général Belliard à Valmy, à la tête des Hussards-Bercheny. Le désarmement eut lieu à Jarnigande, où l'on se souvient encore des bons procédés des officiers qui l'ont présidé ; le général *de France* avait été délégué pour cette mission. Il passa la revue de départ sur le champ de foire actuel, littéralement encombré de ces superbes troupes, augmentées des 9e et 10e de l'arme qui leur avaient été adjointes dans le même but. Ces quatre régiments de cuirassiers y paraissaient plus beaux que jamais ; le feu sacré du métier étincelait sur leurs cuirasses et sur leurs casques, bien plus que les feux dorés du soleil. Un régiment des guides fut également licencié à Fontenay le même jour. Son uniforme était entièrement rouge, dit la chronique du temps. Ces hommes étaient rangés en bataille sur le bord d'un fossé qui traversait le terrain dans toute sa longueur. Le général *de France,* après les avoir inspectés, voulut le leur faire franchir au galop ; le cheval de l'un d'eux s'abattit, et le cavalier qui le montait fut contusionné. C'est dans ces conditions que le général prononça la dissolution de ces différents corps.

Ici se rapporte le retour au pays de tous les braves dont j'ai déjà parlé et dont j'ai donné la suite, comme compagnons d'armes du général Belliard.

Les corps de cavalerie ayant été réorganisés par ordonnances royales des 16 juillet et 30 août 1815, un escadron du 4e chasseurs à cheval (de l'Ariège), vint aussitôt tenir garnison à Fontenay ; il portait encore l'ancien uniforme, habit et pantalon vert, collet et parements garance, schako noir : colonel de Castries (famille de Mme la duchesse de Mac-Mahon, qui porte ce nom) ; l'aumônier s'appelait M. Masset.

Il fut remplacé en 1817 par le 14e chasseurs à cheval du Morbihan : colonel de la Bourdonnaye, lieutenant-colonel de Fouras, chefs d'escadrons Demonts et de Beaumont, aumônier M. Chapelain, médecin-major M. Rémy ; le dernier des Montmorency y était sous-lieutenant. Au changement d'uniforme, ils parurent dans tout l'éclat de la nouvelle tenue : habit vert, trois rangs de boutons et tresses roses à la hussarde, pantalon rouge, schako noir, flammes de lance portées par le 1er et le 6e escadrons rose et blanc. Les officiers et les soldats avaient les meilleurs rapports avec les habitants.

En allant à la promenade sur la route de Nantes, la fanfare et les trompettes avaient coutume de déposer leurs instruments au bureau d'octroi, tenu par mon père, et les reprenaient au retour.

J'étais alors bien jeune, mais je me rappelle encore avec bonheur les amitiés que me faisait le brave médecin-major Rémy quand, tous les matins, à son entrée à l'hôpital, situé près de la barrière, j'allais lui faire le salut militaire (1).

____

(1) A 54 ans d'intervalle, quand j'étais aumônier militaire au 5e corps, il y avait au 30e d'artillerie un bon et cher docteur de ce nom ; mon prédécesseur comme aumônier à Orléans portait le même nom. Quels jalons de doux souvenirs !

Ce fut le 23 septembre 1818 que le commandant Bernard Demonts, de ce régiment, dont il fut colonel en 1831 quand il passa 9ᵉ de l'arme, épousa Mˡˡᵉ Rose-Marie-Agathe Laval, fille du receveur particulier et nièce de l'ancien maire. Ses témoins étaient le colonel Arthur-Charles-Esprit comte de la Bourdonnaye et M. Gabriel Brunet de Montreuil, commandant de la garde nationale ; M. Charles Brisson étant maire, et M. Darnaud, archi-prêtre de Fontenay.

Les Morbihan nous laissèrent, en 1819, pour aller à Rennes, d'où ils repassèrent à Fontenay, se rendant en Espagne, 1823.

Après eux, vinrent en 1819 les chasseurs de la Sarthe, 18ᵉ de l'arme. La déception fut un peu grande parmi nos habitants, dit-on, quand au lieu des couleurs voyantes des précédents, on vit les couleurs ternes de ceux-ci, habit vert avec tresses et cordon bleu-ciel, pantalon rouge, schako noir, flammes de lance bleu et blanc. L'aspect se trouvait un peu assombri.

A ce régiment appartenait comme adjudant-major M. de Guillaume de Rochebrune (Aimé-Charles-Amédée), père du savant aquafortiste, qui resta notre compatriote, en épousant Mˡˡᵉ Marie-Célestine Devassé, fille de M. Devassé, ancien officier de l'état-major du général Mathieu Dumas, dont il était parent, et de Demoiselle Rose Jousseaume.

Le mariage fut célébré le 24 mai 1819 par M. l'abbé Darnaud, archiprêtre de la paroisse ; assisté, entr'autres, comme témoins de l'époux, de M. Frédéric-Auguste

Reinhartz, lieutenant-colonel, et de M. Jacques-Gaspard de la Porte-aux-Loups, capitaine au régiment, etc. On dit que ledit jour, lors de l'entrée du cortège dans l'église de Notre-Dame, les trompettes du 18e le saluèrent d'une manière remarquable avec leur excellente fanfare, et prouvèrent avantageusement qu'il n'y a pas seulement à considérer ici-bas l'harmonie des couleurs, mais aussi l'harmonie des sons.

M. Jean-Mathias Cougnaud était alors maire.

Le colonel se nommait M. de Beaumont (Octave), alors en permission probablement ; l'aumônier, M. l'abbé Blanchard (Etienne) ; portion principale du corps à Libourne.

A propos de M. Devassé et de Dame son épouse, il y aurait pour moi un grand vide dans les pages de cette notice, si elles ne contenaient pas le nom d'un de mes plus insignes amis, M. Hanaël Jousseaume, leur neveu propre, l'un de nos littérateurs et de nos artistes les plus distingués, que Fontenay place avec raison au rang de ses savants du jour. C'est lui qui a bien voulu, dans des temps bien loin de nous, me donner les premières leçons de latin et auquel je dois le principe de toutes les études que j'ai pu faire. Ma reconnaissance, à son égard, ne connaît pas de limites.

C'est à cette famille que le colonel Robert, l'aide de camp du général Belliard, voulait s'unir par un mariage digne de lui et de sa fiancée Mlle Denfert ; la mort l'en empêcha en 1817.

M. Devassé devint chevalier de la Légion d'honneur,

maire de Fontenay et membre de la Chambre des députés sous la Restauration. Il habitait le château de Terre-Neuve. C'était un homme de bien qui a rendu de grands services à la ville.

En 1821, nous n'eûmes que des escadrons détachés, les 3e et 4e, du 23e chasseurs de la Vienne, portion principale à Niort ; colonel de Maillé ; aumônier M. Marcillac (Jean). Il partit bientôt pour Carcassonne. Uniforme comme celui du 14e, tresses, etc., aurore.

L'*Annuaire* de 1822 porte pour Fontenay le nouveau 5e cuirassiers, successeur de celui qui y avait été dissous en 1815, et auquel la Restauration avait donné le nom d'Orléans. Je constate avec plaisir ce nouveau rapprochement entre ces deux villes.

Habit bleu-de-roi, revers et collet jonquille, casque en acier à chenille crin noir, pantalon gris, épaulettes rouges ; telle la tenue du régiment qui était d'un aspect très confortable. L'aumônier était M. l'abbé David.

Il fit son entrée en ville, le 27 mai de ladite année, à l'effectif de 40 officiers et de 250 sous-officiers et soldats.

Pendant que nous lui donnions l'hospitalité de garnison, l'un de ses officiers, capitaine adjudant-major au corps, M. Jean de Larieu, épousa Mlle Thérèze-Félicité-Joséphine Panier de la Chauvilière, y domiciliée. Le mariage eut lieu le 20 novembre 1822 ; deux des témoins étaient M. le baron Deschamps, colonel, et M. Charles de Neuilly, lieutenant-colonel de ce régiment.

M. de Larieu, né le 20 août 1782, à Montelon, département de Lot-et-Garonne, s'était engagé au 9ᵉ dragons,
le 14 mars 1804. Maréchal-des-logis chef en 1808, il
y servait en même temps que le capitaine de Prilly,
depuis Mᵍʳ de Prilly, évêque de Châlons-sur-Marne.
Être prêtre ou soldat, évêque ou officier, ce sont toujours
les mêmes vertus, relevées dans les uns par leur caractère sacré, dans les autres par l'honneur militaire. Soit
dit en passant, pour constater cette harmonie au milieu
des tiraillements contradictoires du siècle. Mᵍʳ de Hercé,
évêque de Nantes, n'avait-il pas été colonel d'état-major,
et bien d'autres n'avaient-ils pas servi, comme lui, avant
d'entrer dans les ordres !

Le 9ᵉ dragons passa 4ᵉ lanciers, le 18 juin 1811 ;
M. de Larieu, sous-lieutenant, lieutenant en 1813
(deux grades dans la même année), capitaine en 1815,
fut licencié avec ce dernier, par ordonnance royale du
16 juillet 1815.

Placé comme adjudant-major le 11 avril 1816, au
5ᵉ cuirassiers d'Orléans, le capitaine de Larieu vint dans
ces conditions à Fontenay ; major au 4ᵉ cuirassiers de
Berry, le 20 janvier 1824 ; passé au 6ᵉ en 1833 et nommé
lieutenant-colonel ; il dut borner là sa carrière ample-
ment et si bravement remplie.

En témoignent hautement : 1° La distinction avec
laquelle il a fait toutes les campagnes du Iᵉʳ Empire, où
il fut blessé de plusieurs coups de sabre et de lance,
le 10 mai 1807, fait prisonnier de guerre jusqu'au
10 septembre suivant, et où il perdit trois chevaux tués

sous lui, à Eylau, en Portugal et à Leipsick ; 2° Les récompenses qu'il en reçut par les décorations suivantes : Celles de la Légion d'honneur, le 28 août 1814 ; de Saint-Ferdinand d'Espagne en 1823, et celle de Saint-Louis, le 23 mai 1825.

Nous avons été admis tout dernièrement, avec la meilleure grâce possible, à visiter le petit musée militaire que M. de Larieu a laissé à sa famille, comme le souvenir le plus cher de sa personne, que nous avons eu l'honneur de connaître, dans son temps, tout particulièrement. Ses trois décorations sont conservées dans un écrin, joli de forme, comme ils le sont tous ; les brevets sont à part ; celui de la croix de Saint-Louis possède un fort cachet en cire rouge, représentant les armes de France, contenu dans un appareil de ferblanc, à lui appendu par un cordon rouge. Ils sont tous en parchemin.

Deux tableaux à l'huile de moyenne grandeur, placés en vis-à-vis, à droite et à gauche du salon, donnent le buste de M. de Larieu : le premier, en officier du 4ᵉ lanciers, avec habit bleu-de-roi, plastron et collet rose foncé, ceinturon de giberne couleur fauve avec agréments dorés ; le kampska polonais ; le pantalon devait être garance, soit dit pour ce dernier sous toute réserve, car il n'en paraît rien.

Le deuxième le présente en major du 4ᵉ cuirassiers, habit bleu-de-roi, collet et autres agréments écarlate ; avec pantalon rouge et sabre d'ordonnance ; la tête est découverte dans les deux tableaux, ainsi que dans une miniature, où il est peint en adjudant-major du 5ᵉ cuirassiers, habit toujours bleu-de-roi, agréments jonquille, épaulettes à petit bouillon en or, pour distinction avec celles des autres officiers qui les portent en argent.

Le casque du commandant de Larieu en acier, à houppe rouge, avec chenille et crinière noire, sa cuirasse en fer brut, très lourde, d'un modèle qui laissait à désirer dans ces vieux temps, sa latte de cuirassier, son sabre d'officier de lanciers, recourbé, avec quelques ciselures, enfin, son épée de major complètent la panoplie de ses armures et uniformes militaires.

Un frère de M. de Larieu avait fait une grande partie des campagnes du Iᵉʳ Empire, au 54ᵉ de ligne, où il est devenu officier supérieur.

Le même *Annuaire* de 1823 porte le 2ᵉ dragons, colonel baron Rapatel (Auguste) ; aumônier M. l'abbé Dessagne (Benoit), pour Niort, qui, en 1824, nous céda 2 escadrons : habit vert, collet, revers, parements rose foncé, pantalon gris argentin ; leur fanfare fut remarquée aux prix du Collège, dont alors M. l'abbé Poiroux était principal ; M. Crétineau-Joly (1), professeur de philosophie ; M. l'abbé Simon, de rhétorique, etc.

En 1825, Fontenay reçut pour garnison, dont portion principale et état-major, le 12ᵉ chasseurs de la Marne.

---

(1) M. Crétineau-Joly, dont il est ici question, est le savant dont la réputation est européenne. Il est né à Fontenay, dans la rue des Loges. Son père et sa mère y étaient marchands drapiers. Il a sa place toute marquée parmi nos hommes illustres.

Il venait de faire, à la campagne d'Espagne, brigade avec le 2ᵉ hussards. Et, ma foi ! on le voyait bien, hommes forts, bien cambrés, vigoureux comme soldats, officiers à l'équivalent et plus ; bien montés, fanfare composée de Lorrains et d'Alsaciens, passant pour la meilleure de la cavalerie : habit vert, tresses, revers et cordon cramoisi, pantalon rouge, flammes de lance mi-rouge et blanc : colonel de Maillé ; aumônier M. l'abbé Watrelot, celui-ci décoré de Saint-Ferdinand d'Espagne, ayant servi comme capitaine au même régiment, y devenu *aumônier*; Mᵍʳ Soyer, évêque de Luçon, lui fit la gracieuseté de le nommer chanoine honoraire de la cathédrale. C'était à la fois honorer le régiment et l'armée.

Après deux ans et plus de séjour, le 12ᵉ chasseurs fut appelé au camp du Nord, en 1828 ; le 8ᵉ de même arme, mais non de même nuance, fut désigné de Rennes, pour lui succéder dans notre garnison ; portion principale et état-major à Fontenay, 3 escadrons à Niort, comme pour le 12ᵉ précédent : habit vert, tresses, cordon et revers jonquille, pantalon garance, flammes de lance mi-jaune et blanc ; le tout d'une élégance marquée ; assez mal monté en chevaux. Colonel Baron Lelong (Joseph-Auguste-Théodore) ; lieutenant-colonel Hatry (Antoine-Joseph-Charles). Il me semble encore voir ce digne colonel, sortant du 5ᵉ cuirassiers comme lieutenant-colonel, d'une taille très avantageuse, d'une figure très martiale, les cheveux et les moustaches blanchis par toutes ses campagnes du Iᵉʳ Empire ainsi que par son âge, veillant quand même à tout et se rendant compte de tout, par lui-même.

Il mourut à Fontenay, dans l'ancienne maison Caldelar, près le Pont-Neuf, où sont les bains aujourd'hui.

L'extrait des registres paroissiaux de l'église de Notre-Dame de Fontenay-le-Comte a été relevé par moi-même, comme suit : « Le 19 mars 1829 a été inhumé le corps de M. Joseph-Auguste-Théodore Baron Lelong, chevalier de l'ordre royal et militaire de Saint-Louis, officier de l'ordre royal de la Légion d'honneur, colonel du 8ᵉ régiment de chasseurs à cheval, âgé de 56 ans. Signé : Ménager, vicaire. »

Le registre de l'état civil constate que la déclaration du décès a été faite à l'Hôtel de ville, le samedi 14 mars 1829, à onze heures du matin, par MM. Alexandre-Marie Libert, capitaine-trésorier, et Eugène Pellagot, capitaine instructeur audit régiment, et est signé Benjamin Bréchard, adjoint.

On lit dans mes manuscrits de l'époque, p. 4, 1ᵉʳ vol. : « Les secours religieux lui avaient été donnés par l'abbé Blanchard, aumônier dudit régiment, qui présida la cérémonie de la sépulture, un jour de dimanche. Le 8ᵉ chasseurs avait déployé le plus grand deuil : drapeau, armes et instruments voilés, la musique jouant par intervalles des airs funèbres, mousqueton sous le bras gauche, avec feu de peloton à l'entrée du cimetière. Le corps était porté par huit sous-officiers ; une fois déposé dans la fosse, il reçut les honneurs militaires d'usage ; tous les hommes défilèrent individuellement, chaque chasseur fit feu sur ces vieux restes de soldat, qui les méritaient si bien; mais auquel celui de l'ennemi avait fait de nobles cicatrices; les lanciers touchèrent le cercueil du bout de leurs lances, dont les flammes se relevant lentement semblaient lui faire un trophée. Puis, un silence profond se fit et l'un des adjudants-majors rappela, dans un discours plein de cœur et de nerf, les états de services et les campagnes du colonel Baron Lelong. Ce discours fut imprimé, ainsi qu'une pièce de vers français, faite par M. Labretonnière, avocat.

» Dès lors, simple élève de 5ᵉ au Collège de la ville, je me les étais procurés pour les conserver précieusement; un militaire me les ayant empruntés, ne me les a pas rendus. » Je dois à l'un de mes meilleurs amis de les avoir retrouvés (1).

M. l'abbé Blanchard était tout nouvellement venu à Fontenay, comme aumônier du 8ᵉ chasseurs à cheval, en remplacement de M. l'abbé Coassy, arrivé à la limite des fatigues, plutôt que de l'âge, et qui, bien qu'en pied au régiment, faisait les fonctions d'aumônier, depuis quelques années, à l'hôpital civil et militaire, fonctions laissées vacantes par la mort de l'excellent et regretté M. Chineau, ancien supérieur des Prêtres de Saint-Vincent-de-Paul, à Fontenay même (maison du Saint-Lazare, à Terre-Neuve); lequel repose dans la chapelle actuelle dudit hôpital (2).

---

(1) Voir aux pièces justificatives F, à la fin.

(2) M. Pitaud, curé de Fontenay, étant mort sur ces entrefaites, c'est M. Blanchard qui prêcha le Carême dans l'église de Notre-Dame. Plein

Le brave colonel tenait beaucoup à son régiment ; de temps en temps, à un jour donné, il réunissait à Oulmes, les 3 escadrons de Fontenay à ceux de Niort, pour passer des revues d'ensemble et les faire manœuvrer. C'était une bonne journée pour tous.

Les chasseurs ne tardèrent pas à partir pour Libourne, changeant de garnison avec le 9ᵉ cuirassiers. Le 9ᵉ cuirassiers ! Quels colosses d'hommes et de chevaux ; quelques jeunes gens de Fontenay en faisaient partie, Baudillon, Primaud, Rouvière ; ce dernier avait une tête d'une telle capacité qu'on n'avait pas pu trouver de casque pour l'emboîter ; on fut obligé d'en commander un tout exprès ; on voit qu'il y a chez nous, de fortes têtes. Habit bleu-de-roi, collet, retroussis écarlate, pantalon gris, casque en acier, crinière noire, cuirasse, etc. 3 escadrons ici, portion principale et 3 escadrons, état-major à Niort ; colonel Jolly (Louis-Claude) ; lieutenant-colonel vicomte Ducouëdic (Louis-Charles) ; chef d'escadrons de la Bourdonnaye (Auguste) ; aumônier à Fontenay, l'abbé Leconte (Noël-Martin).

Mais voici venir un peu plus d'un an après leur arrivée, les fameuses journées de juillet 1830.

Le général Despinoy, commandant la division à Nantes, envoya au 9ᵉ cuirassiers l'ordre de se rendre

---

de zèle, très sérieux, ce digne prêtre, que j'ai connu comme ses collègues successifs de la garnison, se tenait prêt à rendre tous les services possibles à la paroisse, qui en avait d'autant plus besoin qu'il n'y avait dans ce moment que deux vicaires sans curé. Ces aumôniers militaires se trouvent donc partout sur le chemin du dévouement !

dans cette ville ; les nôtres partent tranquillement à sept heures du soir, le jour désigné ; pour ceux de nos voisins de Niort, ce fut tout autre chose ; ceux-ci barricadèrent le régiment et l'empêchèrent de sortir du quartier. Le lieutenant-colonel, dans un mouvement d'ardeur guerrière, dit au colonel Jolly : « Donnez-moi un seul escadron et je franchis la barricade !... » Force fut de rester. Les nôtres trouvèrent, à Nantes, le Pont-Rousseau coupé, le général parti ; force fut pour eux de revenir avec le drapeau tricolore.

Quelque temps après, les choses étant plus ou moins apaisées, plus ou moins à la guerre, les escadrons de Niort furent appelés de cette ville à Bourbon-Vendée, pour faire une démonstration pacifique. Les officiers de passage dînèrent à l'hôtel des *Trois-Piliers* (1). La fanfare joua en face, sur la place du Marché.

On revint comme on était parti. J'ai dit précédemment que le 9e cuirassiers était allé de Fontenay à Meaux et de là en Belgique, faire escorte d'honneur à la reine des Belges. Il nous quitta vers la mi-octobre 1830.

Aussitôt leur départ, nous eûmes pendant quelque temps un escadron du 5e chasseurs à cheval, tenue comme le 8e précédent, colonel Vidal de Léry, portion principale à Niort, d'où il ne tarda pas de partir pour former, à Poitiers, le 5e lanciers, sur la fin de 1831.

Alors, étaient aussi en formation, l'un à Montpellier,

---

(1) Trois hôtels se partageaient à tour de rôle les repas des officiers de passage : celui-ci, l'*Hôtel de France* et celui de la *Coupe d'Or*, aujourd'hui place Belliard : le premier et le troisième n'existent plus.

l'autre à Niort, deux régiments provisoires de gendarmerie. Ce dernier, portant le N° 1er, a pour colonel M. D'Outremont de Minières et pour commandant le chef d'escadrons Damour. Deux escadrons viennent occuper le quartier de la ville et en former la garnison.

A cette époque se rapporte un fait dont l'autorité militaire m'avait demandé la solution et qui était devenu pour moi un nœud-gordien ; on cherchait quelqu'un pour la donner. Il eût fallu l'épée d'Alexandre ; heureusement que dans le fourreau de nos officiers il y a plus d'une épée de ce genre ; j'ai pu rencontrer le joint.

Un général désirait savoir si, dans un temps donné, un détachement de gardes du corps n'avait pas été en garnison à Fontenay (1).

Or, voici le fait, ce n'est pas un détachement de gardes du corps, mais un escadron de gardes des chasses du roi, c'est-à-dire de cette belle gendarmerie d'élite qui l'accompagnait, lorsque nos souverains se donnaient la fantaisie de la courre aux cerfs et au chevreuil.

Cet escadron nous arriva de Compiègne sur la fin de 1831, à l'effectif d'une centaine d'hommes et de trois officiers, dans toute la splendeur de son uniforme de la garde : *Grande tenue :* habit de drap bleu-de-roi, revers et retroussis écarlate, pantalon chamois, bonnet à poil,

---

(1) Il y avait, sous la Restauration, trois jeunes gens de Fontenay, aux gardes du corps, MM. Savary de L'Épineraie, Fleury de la Caillère et Brunetière, dont la fille avait épousé M. de Saint-Aubin, lieutenant-colonel desdits, et le fils s'est distingué en Algérie, comme colonel du 1er chasseurs d'Afrique.

trèfles et aiguillettes blanc pour les hommes, d'argent pour l'officier ; *Petite tenue :* pantalon d'hiver, gris-bleu ; d'été, blanc ; chapeau à la française, galon noir ; le reste, le même que dessus. Les *trompettes* avaient, outre leurs insignes comme tels, les aiguillettes couleur aurore et portaient l'épée, comme tenue de ville. Ils sont encore les mêmes aujourd'hui, sauf le bonnet à poil. Il faut avouer que les trompettes de gendarmerie ont des droits acquis à être les plus beaux trompettes du monde, sauf ceux des hussards, quand ils avaient le kolback, la pelisse et la sabretache.

Ils venaient pour cesser d'exister comme tels ; rangés en bataille sur la Grand'Route, à hauteur de *Fontarabie,* montés sur des chevaux d'élite, comme eux, le tout d'un aspect superbe, ils entendirent la notification, par ordre ministériel, de leur licenciement, avec cette résignation qui caractérise l'obéissance du soldat. Puis, ils firent demi-tour en silence, versèrent leurs chevaux et furent versés eux-mêmes dans les nouvelles brigades que l'on formait dans le département mis en état de siège, dans les anciennes qui étaient incomplètes et, en fin de compte, dans le régiment de l'arme dont nous venons de parler ; lequel fut dissous en 1834.

La présence de gendarmes de la garde évoque de bons et vieux souvenirs pour plusieurs familles de nos contrées. *De 1728 à 1834,* cent six ans ! Hélas ! à cet intervalle, ce ne peut plus être qu'un nécrologe. On lit, en effet, dans l'église de Saint-Jean de notre ville, 1ᵉʳ pilier du côté de l'Évangile, l'épitaphe qui suit :

Ici repose
le corps de M. Jean Simonnay,
sieur de Gérissac,
chevalier de l'ordre militaire de Saint Louis,
ancien capitaine au régiment d'infanterie
de Montboisier ;
Et ancien officier de gendarmes
de la garde ordinaire du roi,
âgé de 63 ans,
décédé le 19 février 1728.
Priez Dieu pour son âme.

En 1788, nous trouvons Messire Auguste Mallet de Vouillé, écuyer, gendarme de la garde ordinaire du roi, parent de MM. Pichard du Page et de la Caillère ;

En 1789, Messire Laurent-Auguste-Marie Gerbier de Mouchediêne, écuyer, ancien gendarme du roi, époux d'une demoiselle Bonnamy de Bellefontaine, sœur de ce général ;

En 1789, Messire Isaac-Armand Savary de Beauregard dont les survivants sont encore nombreux en Vendée ; etc., etc.

On voit que nos jeunes gens du Bas-Poitou briguaient autrefois le privilège d'appartenir à ce corps d'élite.

Un des derniers gendarmes de la garde du roi appartenant à Fontenay, était un nommé M. Jallais, dont les sœurs occupaient une maison, près l'église de Saint-Jean, où elles sont décédées vers la fin de la Restauration.

Ledit M. Jallais a été le dernier propriétaire du *Fief du Paradis*, près la barrière de ce nom.

Ce fief lui était venu de Jacques du Fouilloux, l'auteur justement célèbre de la *Vénerie,* lui-même garde des chasses du roi Charles IX, dans le Poitou, en 1559. Né à Bouillé, village peu éloigné de notre ville, en 1519, il se faisait un vrai plaisir de venir de temps en temps passer quelques jours dans son fief du Paradis ; c'était pour lui le *Paradis terrestre.*

Curieuse coïncidence dans les choses de ce monde, et comme d'un trait de plume, on remonte les siècles avec rapidité ; c'est à défier tous les chemins de fer et les vélocipèdes.

Or, aussitôt que les trompettes des partants nous eurent donné le salut d'adieu, voici que M. le Maire de la ville de Fontenay fait annoncer, à son de caisse, qu'un nouveau régiment de cavalerie allait nous venir de bien loin, et qu'il recommandait de le recevoir, comme du reste c'était l'habitude, en enfant de bonne maison.

Quelques jours après, les arrivants sont en vue, l'avant-garde touche aux portes de la ville ; on se porte en avant pour les recevoir. — Qui vive ? — France ! — Quel régiment ? — 3ᵉ de hussards, venant de Hague-neau ! — Quelle destination ? — Fontenay-le-Comte ! — Entrez, tant qu'il vous plaira ! C'était en 1834.

Deux escadrons seulement font leur entrée ; les trois autres et l'état-major sont restés à Niort : colonel vicomte de Chambrun. Ils ont le dolman et la pelisse gris argen-tin, tresses, cordon, schako et pantalon rouge, avec la sabretache du vieux temps, insigne indispensable des hussards. Les trompettes et la musique ont le kolback.

C'est dans ce même 3⁰ hussards que servit plus tard, avec distinction, comme officier, M. le comte de la Boutetière, dont nous avons parlé, qui avait été blessé et fait prisonnier à la tête d'un des bataillons de mobiles de la Vendée qu'il commandait en 1870-71.

A la date de 1835, où nous sommes, le 1ᵉʳ hussards avait pour chef de corps le colonel Pozac, dont le fils sortant alors des spahis, comme chef d'escadrons, commanda un autre de nos bataillons de mobiles, formé à Luçon, en 1871.

Enfin, un troisième bataillon mobilisé est parti de notre ville pour aller à l'ennemi, dans la même guerre, sous les ordres de M. Dehargues, de Vouvant, engagé volontaire au 9ᵉ chasseurs où il a pris tous ses grades, jusqu'à celui de capitaine, ayant servi comme tel au 6ᵉ de l'arme.

Le 3ᵉ hussards, après avoir rempli son temps réglementaire de garnison, partit pour Joigny, en juillet 1836. Nous ne lui disons pas adieu, mais à revoir seulement. Nous le retrouverons en effet plus tard, parmi nos régiments de passage, allant de Libourne à Pontivy.

Nous sommes au 9ᵉ chasseurs à cheval, et nous avons vu précédemment que le colonel Demonts, qui le commande, avait épousé, en 1818, Mˡˡᵉ Laval, de Fontenay, quand il était chef d'escadrons au même, alors 14ᵉ de l'arme, dans cette ville.

Des raisons de convenance et d'amitié le portèrent

à demander Fontenay ; il l'obtint fin de 1836, la portion principale et l'état-major à Niort, deux escadrons ici. L'uniforme n'était plus le même ; c'est presque une calamité que ces changements si fréquents. Les tresses avaient été supprimées, l'habit était resté vert seulement, avec un seul rang de boutons, épaulettes, fourragère, pantalon et schako rouges. A l'exemple de leur colonel, qui, en les montrant du doigt, disait : Voilà mes moustaches d'Austerlitz ! les chasseurs en portaient de fortes, à tout crin. Leur aspect était très martial. Les trompettes portaient le kolback. Désireux de faire entendre sa musique à nos habitants, le colonel Demonts venant un jour dîner dans sa maison de famille. aujourd'hui occupée par le pensionnat des sœurs de Chavagnes, amena ses fanfaristes qui jouèrent devant le péristyle toute la soirée, à la satisfaction de tout le monde.

Parti, en 1838, pour une des garnisons du Midi, le régiment de M. Demonts eût pour dernier successeur dans l'occupation du quartier, un escadron du 1er chasseurs, colonel de Prévost : habit vert, épaulettes blanches, retroussis jonquille, pantalon rouge. J'ai dit pour dernier successeur, etc., car dans le mois d'août 1839, on y a établi le Dépôt de remonte qui subsiste encore aujourd'hui.

La garnison de cavalerie a été, à partir de cette époque, définitivement supprimée.

Cependant en 1840-41, lors des armements du ministère Thiers, deux compagnies du 5e escadron du train d'artillerie, avec matériel et chevaux sur pied de guerre, furent logées chez l'habitant, partie principale à Rennes. Effectif : 300 hommes et 500 chevaux, restés à Fontenay près de deux ans.

Notre quartier était d'autant plus commode qu'il est à portée du champ de foire, auquel il est relié par le chemin de la route de la Rochelle. Ce champ de foire est un vaste carré, entouré sur tout son contour de deux lignes de beaux arbres, plantés en 1823 et qui en font une promenade des plus agréables. On l'appelait, de tout temps, la petite prée.

C'était le terrain des manœuvres de détails de nos trois escadrons, qui allaient, en septembre, faire les manœuvres d'ensemble dans la grande prairie, dont il n'était séparé que par un bras de la rivière qu'on a dû supprimer pour en redresser le cours, tout près de la propriété du *Chail,* appartenant à la famille Gentils, dont était membre l'un des aides de camp du général Belliard, que nous avons cité en temps et lieu. Cette maison est habitée aujourd'hui par M. Boncenne, qui a épousé une demoiselle Gentils, et son fils, tous deux anciens magistrats et comptés avec raison parmi nos hommes de lettres.

Ce fut dans cette petite prée que Louis IX établit son camp, lorsqu'il vint à Fontenay pour une expédition militaire en 1242.

L'autorité de celui qui consigne ce fait dans la nomenclature des rues, places, etc., de Fontenay, ne laisse aucun doute sur sa vérité.

Quel remarquable rapprochement ici pour l'étude

comparée de l'histoire, que Châteaubriant a élevé à un
si haut degré ! Quel souvenir que celui de Louis IX,
l'intrépide, qui, cinq siècles et demi avant Bonaparte,
avait conçu et accompli, soit en Egypte, soit à Jaffa et
Saint-Jean-d'Acre, le plan que celui-ci exécuta à son
tour, il y a moins de cent ans. Nos braves soldats de 1799,
avec leurs généraux Desaix, Belliard et les autres, durent
retrouver dans Damiette, Alexandrie, le désert et la
Syrie, les cendres calcinées de leurs aînés du XIIIe siècle,
leur présenter les armes, les officiers saluant de l'épée
et les tambours battant au champ. N'étaient-ils pas tous
Français, les vieux croisés des anciens temps et leurs
petits-neveux des temps modernes ! N'étaient-ils pas les
enfants du même Dieu ! N'avaient-ils pas une mission
identique : les premiers, une mission religieuse ; les
seconds, une mission scientifique et civilisatrice ; aussi
bien, la science et la civilisation ne sont-elles pas les
filles de la religion bien entendue, bien comprise ! Quel
esprit droit, sérieux, impartial, à l'abri de tout parti-pris,
pourrait penser autrement !

Combien de fois ne suis-je pas allé moi-même, *dans
la grande et la petite prée,* voir les différentes évolutions
de nos garnisons successives ; je l'avouerai naïvement,
c'était les meilleures distractions de mes jeunes années ;
c'était une étude à part, que Dieu me procurait pour
l'acheminement vers l'aumônerie militaire, qui était ma
vocation innée ; puis, la messe militaire à laquelle
j'assistais tous les dimanches ; la connaissance de
MM. les aumôniers, etc. Voilà la voie où je débutais.

Cette aumônerie ayant été supprimée en 1830, il parut en 1845, pour en conserver la mémoire autant que possible, un ouvrage intitulé : *L'Aumônier de régiment,* par l'auteur de cette notice ; 1845, Nantes, imprimerie d'Ernest Merson, rue Notre-Dame, 3.

L'aumônerie militaire supprimée, il restait au régiment une place vide que personne ne pouvait remplir, et, cette place était une place d'honneur ; car, dans un régiment, tout est honneur ; l'uniforme est honneur ; les traditions sont honneur, les armes sont honneur, la victoire est le champ d'honneur, la défaite même peut être honneur, comme celle de François Ier, à Pavie ; dans ce cas, on peut dire comme ce grand roi : *Tout est perdu fors l'honneur ;* les officiers et soldats sont honneur. Aussi bien, au régiment, l'aumônier est honneur ; il est bien plus, il est le représentant de Dieu, le lieutenant de Jésus-Christ, *pro Christo ergò legatione fungimur* (2e épître aux Corinthiens, verset XX), et la participation de son esprit et de sa grâce, *participes enim Christi effecti sumus* (2e épître aux Hébreux, verset XIV). Ces motifs donnent la mesure de son importance.

Je retrouve, aux premières pages de ce volume, une lettre que je demande la permission de relater ici, par un motif de reconnaissance, non seulement envers son auteur, mais à l'égard de tous les officiers de l'armée qui m'ont adressé tant de sympathies depuis 40 ans.

Le savant capitaine adjudant-major Trumelet, alors du 1er tirailleurs indigènes, m'écrivait du camp de Beni-Salah, en Afrique, le 14 octobre 1864 : « Je n'ai pas eu le plaisir de lire votre livre : *L'Aumônier de régiment*, mais j'en ai beaucoup entendu parler et très avantageusement par quelques-uns de mes camarades, qui le connaissent.

» Faites-en donc une 2ᵉ édition, mon cher abbé ; il n'y a jamais trop de bons livres. Je me mets d'ailleurs à votre disposition, si vous croyez que cela puisse vous être de quelque utilité. Agréez, etc. »

Et la 2ᵉ en est restée là, à l'état de projet, faute de ressources pécuniaires. Voilà ce qui arrive à des hommes à qui tout manque, excepté l'énergie de la volonté et le désir de faire le bien ; car on ne vend pas à des hommes qui n'ont qu'un sou par jour ; on donne, et c'est là mon cas.

Ceci me rappelle une anecdote qui tient à la chronique contemporaine et qui, par conséquent, est la vérité vraie. J'étais au camp de Châlons en 1869, pour présenter au digne colonel Carrelet, du 2ᵉ hussards, l'historique de son régiment qui venait de paraître. Le colonel voulut que je rende visite au général Bourbaki, commandant en chef dudit camp (1). Je me rendis à son hôtel. La première parole qu'il m'adressa, fut celle-ci : « Dites-moi donc, Monsieur l'abbé, je voudrais savoir quel est le traitement d'un curé de campagne? — 900 francs, mon général, et le logement, un peu de casuel, quelques honoraires de messes, encore pas toujours, c'est tout !

---

(1) En 1869, la cavalerie du camp de Châlons se composait des 2ᵉ et 7ᵉ hussards, 3ᵉ chasseurs à cheval, 3ᵉ et 11ᵉ dragons.

— 900 francs, reprend-il avec un étonnement marqué ; comment, 900 francs ! — Oui, mon général. — Ah ! je vois bien que c'est chez vous, comme chez nous ; nous avons nos sous-lieutenants, lieutenants, capitaines, qui sont à la portion congrue ; les chefs de bataillon sont pour la plupart mariés, avec femme, enfants et le cheval par dessus le marché, c'est la même chose. Allons, s'écrie-t-il avec un mouvement de tête et un geste significatif, vous les curés et les officiers, vous êtes tous dans la misère, dans l'indigence ; vous êtes des malheureux, vous n'avez que votre pain et encore... sec !... Aussi pour caractériser sa condoléance, employa-t-il une expression beaucoup plus forte et que je ne répèterai pas. — C'est vrai, mon général ! ai-je répondu. »

Qu'aurait-il dit de nos jours, où le mariage est devenu à la mode, même pour nos sous-lieutenants !

Merci au vieux zouave de sa sollicitude pour les curés de campagne ; c'est que Bourbaki, qui avait, en son temps, remplacé Lamoricière, nommé général, comme colonel du 1er zouaves, avait bien pu manquer de pain quelquefois, en Afrique et ailleurs. On pourrait même l'assurer, sans risque de se tromper. Il était, dans ce cas, compétent dans la partie ; ses paroles étaient un à-propos. Il est de toute justice de lui en tenir compte sous tous les rapports.

Merci de nouveau au digne colonel Trumelet, aujourd'hui de ce grade ; merci de ses encouragements mille fois répétés, dans ses nombreuses lettres que je conserve précieusement au milieu de mes manuscrits, à côté du manuscrit même de *L'Aumônier de régiment*, relié proprement, à sa place et à son n° (1).

Le colonel Trumelet a composé plusieurs ouvrages militaires, très estimés et continue de nous guider dans la voie que nous poursuivons. Il sait, comme Belliard, parler militaire et agir en soldat, selon la belle expression de Caton l'ancien :

Rem militarem agere et argutè loqui.

Ici dix minutes d'arrêt, comme au chemin de fer. Voici venir un de mes lecteurs, doué du talent d'observation et qui me dit : Bien ! les régiments sont fort exactement allignés, par ordre de succession, dans cet article, mais vous avez fait du quartier un magasin d'habillement !... Oh ! non, mon ami, pas précisément d'habillement ; dites plutôt un magasin d'uniformes, c'est plus correct.

A ce propos, sait-on ce que c'est qu'un magasin d'uniformes ? On n'a qu'à le demander à M. de Fonrémis, l'habile auteur de l'illustration de l'*Historique du 6e hussards*. On peut voir sa belle galerie de *toutes* les tenues de *tous* les régiments de cette arme, depuis leur origine, laquelle est contenue dans deux albums renfermant plus de cent sujets, enviés par le ministère de la guerre, comme collection ; on sera frappé du fini de l'exécution, de la variété des couleurs, du coup d'œil des détails et de l'ensemble. Mais ceci, quelqu'intéressant

---

(1) Cette collection comprend plus de 3,000 lettres autographes.

que ce soit, n'est que la partie matérielle, la partie de l'art.

Il y a quelque chose de plus sous l'uniforme ; sous l'uniforme, il n'y a pas un pli qui ne laisse transpirer une idée morale : l'idée de l'abnégation, de dévouement et de sacrifice ; qui ne laisse échapper tout un passé de gloire, de victoire, ou tout au moins de devoirs hautement accomplis. Sous l'uniforme, il n'y a pas une seule tresse de pelisse ou de dolman qui ne donne de ces importantes leçons, qui sont les forces vives du soldat, forces du corps et de l'âme, de l'esprit et du cœur, qu'il doit mettre au service de la patrie, jusqu'à vaincre ou mourir pour elle ; de façon que lorsqu'il revêt l'uniforme, il doit se regarder comme solidaire des actes de ses pères pour le présent et pour l'avenir. Il doit se sentir grandir de toute leur grandeur.

Sous de pareils auspices, je puis continuer ma tâche ; et je me remets au pas.

LES RÉGIMENTS DE CAVALERIE

ET D'ARTILLERIE

DE PASSAGE A FONTENAY, DEPUIS 1808, JUSQU'A NOS JOURS

> *Marti peregrino.*
> Au soldat de passage.

Nous arrivons à la fin de notre période de garnison, mais avant d'entrer dans la période de passage, nous avons une transition des plus heureuses à ménager entre deux, comme trait d'union.

Nous appartenions sous la Restauration à la XIIe division militaire, chef-lieu Nantes. Poitiers, Fontenay, Bourbon-Vendée, Niort, la Rochelle en faisaient partie ; et c'était Niort, munie d'une très belle caserne, qui fournissait d'ordinaire un escadron à Nantes. De là, l'union de notre ville, comme gîte d'étapes, entre cette dernière et Niort, d'une manière permanente, pour les changements trimestriels de garnison et d'une manière transitoire pour les changements en-deçà et au-delà de ces deux points.

Puisque nous dépendions alors et que nous dépendons encore de Nantes, nous sommes donc dans notre rôle, en saluant, avant d'entrer en matière, de nobles figures et de nobles cœurs.

La parole est aux *Français peints par eux-mêmes*, tome III, étude de la province, page 63, édition de 1842, Paris, etc.

« Parfois l'étranger rencontre dans les rues de Nantes, au milieu de tout ce bruit et de ce mouvement d'une ville commerçante, un beau vieillard, de haute taille, d'une remarquable physionomie, encadrée de longs cheveux blancs et d'une démarche encore militaire, que tout le monde salue, quand il passe : c'est Cambronne, le héros de Waterloo, à qui l'on a prêté le fameux mot : *La garde meurt et ne se rend pas!* l'un des hommes sans contredit qui ont le plus de popularité en France.

» Nantes se glorifie aussi à juste titre d'avoir donné à notre jeune armée, une de ses réputations les plus pures et les plus complètes, un homme de science, de pensée et d'action, tout à la fois, l'intrépide et illustre Lamoricière. »

Aussi bien, prenant pour un instant la plume de M. de Cormenin, le célèbre Timon, j'ajoute que « je commettrais, comme lui, une faute dont j'aurais besoin pour mon cœur, de leur demander pardon, si je séparais ici l'un de l'autre, les généraux Lamoricière et Bedeau, les généraux Bedeau et Lamoricière, de même qu'on ne loue pas bien un frère, si on ne loue pas, en même temps, son frère qui combat à ses côtés, qui frappe du même glaive et qui se couvre du même bouclier.

» Hommes de bonnes mœurs, de simplicité et de vertus, ils exhalent autour d'eux une odeur d'honnêteté.

L'un a plus de feu et s'inspire plus vite, l'autre plus de retenue, en marchant du même pas. »

Livre des orateurs, par Timon.

Ces hommages ainsi rendus en haut lieu et sur place, rentrons à Fontenay pour y recevoir les troupes de cavalerie et d'artillerie qui l'ont traversée depuis le commencement de ce siècle jusqu'à nos jours.

Un régiment qui tient garnison dans une ville y contracte une certaine alliance avec la population, par le fait même qu'il devient son hôte. Mais c'est toute autre chose pour le soldat de passage ; il n'est plus seulement l'hôte de la ville, en général, mais il devient comme l'enfant de la famille. C'est la famille qui le reçoit, qui le loge, qui lui donne place à son foyer et part à sa chandelle. C'est la famille qui lui trempe la soupe en arrivant et lui offre le café en partant ; qui chauffe sa capote ou son manteau souvent imbibés par la pluie, raccommode même ses vêtements percés et le met coucher, non pas sur la dure, ce qui ne lui arrive que trop ; non pas sur un léger duvet, ce qui ne lui va pas, mais dans un bon lit de plume et sous une bonne couverture de laine.

Le soldat de passage est donc plus que le soldat de garnison ; il fait pendant 24 heures, et quelquefois deux jours, partie intégrante de la famille ; il est de chez nous. Voilà pourquoi j'ai voulu consacrer, dans ces pages, un souvenir à ceux qui reçoivent notre hospitalité, la mienne, comme celle des autres, et c'est de science certaine que j'écris cette liste, ayant été témoin oculaire depuis plus de soixante ans, et mon père l'ayant été pour le temps qui précède, jusqu'à 1808.

Le premier régiment de cavalerie qui se présente, à cette époque, ce sont les fameux lanciers polonais de Berg, qui allaient en Espagne et qui s'y sont distingués.

C'était une belle avant-garde pour ce qui allait suivre. Car voici poindre à l'horizon les guides, les dragons et les grenadiers à cheval de la garde impériale, et par dessus le marché, l'empereur Napoléon Ier; on ne s'attendait guère à voir le maître du monde de passage à Fontenay. Mais le Maire, M. Laval aîné, avait reçu le 28 juillet 1808, des ordres pour lui donner un billet de logement, ainsi qu'à l'impératrice Joséphine qui l'accompagnait. Le Maire, en galant homme, ne voulut point laisser à d'autres l'honneur d'héberger Sa Majesté. Le fidèle Rustan, son Mameluck, était aussi là. Il le reçut dans sa maison située à l'angle de la rue des Capucins et du Collège, vis-à-vis le théâtre. Mgr de Pratz, évêque de Poitiers, était du cortège, comme son aumô-nier; c'était le 7 août. On avait dressé (1), sur le Pont-Neuf, d'après les dessins de Drouard, professeur à l'école secondaire, un arc de triomphe, représentant l'Empereur sur un char antique, traîné par six chevaux. La garde nationale sous les armes, aux ordres de son colonel, M. Denfer du Clousic, s'était portée à sa rencontre, avec

---

(1) Le Pont-Neuf avait été bâti sur les plans de l'architecte Parent de Curzon, le même qui avait donné ceux du quartier de cavalerie.

un détachement de petits enfants, habillés en Mamelucks, conduits par le chef de bataillon Petit-Laurent, ancien commandant de place et qui, en cette qualité, avait autrefois rendu des services signalés à Fontenay. Il avait pour second, un vieux capitaine d'infanterie, du nom de Macouin. Ces enfants étaient très jeunes et au nombre d'une soixantaine. M. Charles père, vivant encore, en était tambour avec son camarade Panier qui vient de mourir (1887) ; l'écho du temps nous a redit et apporté jusqu'à nos jours que le premier avait parfaitement battu aux champs, à l'entrée de l'Empereur dans la salle de réception. Puis venaient Benoît et Abel Pervinquière, petits-neveux du général Belliard ; Millouin, Mouillade, Caldelar, etc., etc. C'était le petit Abel Pervinquière qui avait été désigné, par ordre ministériel, pour porter leur étendard ! On voit que cette levée de boucliers inoffensive avait été prise au sérieux. Leur mission remplie, les Mamelucks en herbe vinrent se ranger sous le parapluie de leurs mamans, car il pleuvait.

Tous les jours des empereurs ne sont pas des jours clairs et sereins. Ce 7 août, le firmament était considérablement obscurci par les ondées qui ne discontinuaient de tomber, et le front du monarque l'était encore plus par la nouvelle de la capitulation de Baylen, qu'il venait de recevoir. Toute la soirée s'en ressentit, malgré la courtoisie marquée de l'entourage et malgré l'empressement que mettait M. le Maire à lui faire un accueil digne de lui. Cette malheureuse capitulation l'agitait d'une manière extraordinaire, et l'on raconte qu'ayant voulu prendre un bain de pied, avant de se retirer, il brisa la baignoire par ses mouvements convulsifs.

Du reste, se trouvant en sûreté à Fontenay et dans le département, l'Empereur renvoya une partie de sa garde et se dirigea le 8, sur Nantes, par Chantonnay, etc., toujours accompagné de son aumônier, Mgr de Pratz. Son escorte avait quelque chose de très imposant. On voyait parmi ces guides les survivants de ceux qui s'étaient immortalisés avec lui, en Egypte. Le kolback à flamme rouge et plumet blanc, l'habit vert, à longues basques et à larges revers, laissant apercevoir le dolman rouge à tresses et aiguillettes d'or, le pantalon brun très clair, la botte noire par dessus, leur donnaient une tenue de transition entre les vieux uniformes et les nouveaux, qui les habillait à merveille.

Une housse verte, bordée jaune et rouge, caparaçonnait parfaitement le cheval, dont la tête était relevée par des rennes de couleurs variées.

Les grenadiers, avec leurs hauts bonnets à poil de sapeurs, habit et pantalon bleu-de-roi, revers blancs, bottes à l'écuyère, avaient l'air de géants à double taille, la leur et celle de leurs chevaux.

Les dragons, la tête maintenue fixe par un casque d'acier à tout crin, la jambe immobile dans une botte forte qui la renfermait jusqu'aux genoux, l'habit vert serré par un plastron blanc, avaient par le fait et forcément la rectitude de ligne, indispensable à des corps qui portent le nom de *régiments de ligne.*

De 1808 à 1820, nous n'avons eu que des troupes

stationnaires, dont nous avons donné la nomenclature en son lieu et place.

Le premier régiment qui se présente dans cette année 1820, à l'hospitalité de nos ancêtres, est le 2ᵉ chasseurs à cheval qui venait de se former à Niort et qui fournissait, tous les trois mois, un de ses escadrons à Nantes ; colonel M. de Bonneval ; aumônier M. Hillion.

C'était le Nᵒ de celui dont le colonel Robert avait eu le commandement en 1815.

Les troupes qui suivirent en 1821, furent le 7ᵉ escadron du train d'artillerie, commandant Boileau, allant de Bayonne à Rennes, de passage le 16 mai. Il était fort de 16 officiers et de 97 sous-officiers et soldats, ayant 73 chevaux.

Faisait route conjointement avec cet escadron, la 1ʳᵉ compagnie d'ouvriers d'artillerie, capitaine Brédif, comptant 44 sous-officiers et soldats, aux ordres de 4 officiers.

L'uniforme des premiers était habit et pantalon gris-de-fer, collet, revers et parements bleu-de-roi, boutons blancs, passe-poil gris comme l'ensemble de la tenue, le pantalon avait la longue bazane, en usage dans ce temps ; tout cela était un peu terne à l'œil, mais l'arme, vu sa spécialité, le demandait.

Les seconds avaient l'habit, le pantalon et la capote bleu foncé, pattes de parements et retroussis écarlate, boutons jaunes, le fusil à baïonnette comme l'infanterie, schako noir, bonnet de police, etc.

Cette même année 1821, et le 10 octobre, les cuirassiers d'Orléans, colonel baron Deschamps, à l'effectif de 25 officiers, de 232 sous-officiers et soldats, se rendant d'Ancenis à Niort pour y tenir garnison, logèrent à Fontenay-le-Comte. Ils remplaçaient à Niort le 2ᵉ chasseurs à cheval. Ils le remplacèrent également à Nantes, car le 11 février 1822, un capitaine, un sous-lieutenant, 2 maréchaux-des-logis, 6 brigadiers, un trompette, 40 hommes, 3 chevaux d'officiers et 49 de troupe sont passés de Niort à Fontenay, avec cette destination.

C'est ce même régiment, 5ᵉ cuirassiers d'Orléans qui, comme nous l'avons dit en son lieu, vint, le 27 mai 1822, former la garnison de notre ville.

Je ferai remarquer que tous les officiers de cuirassiers et de dragons portaient alors et l'ont porté jusqu'à une époque rapprochée de notre temps, outre l'uniforme normal, la tenue de ville : chapeau à la française, habit de la couleur d'origine, mais à queue d'hirondelle, avec l'épée ; soit dit pour le complément de nos documents.

Le 6 novembre 1823, le dépôt du 7ᵉ escadron du train d'artillerie, en marche pour rejoindre, à Rennes, la portion principale du corps, arrive à Fontenay, avec 90 hommes et 86 chevaux, partis le lendemain ; ce qui m'a étonné, c'est que plusieurs des hommes à cheval, avaient un petit sabre, à poignée droite à croisillon, comme ceux de notre infanterie actuelle.

En 1825, le 1ᵉʳ chasseurs à cheval, allant de Libourne à Rennes, hébergea chez l'habitant. Il avait la même tenue que le 8ᵉ de cette arme, en garnison ici en 1828-29, sauf que la fanfare et les trompettes avaient l'épaulette blanche. Il avait pour colonel M. de la Malle, et pour aumônier M. Beaumont (François-Régis).

Aussi bien, nous arrivons au 11 juillet 1828. C'était le jour de la réception de la duchesse de Berry, à Fontenay-le-Comte. Les grands s'en vont comme les autres, mais avec cette différence que souvent on se dispute l'honneur de les recevoir. M. Devassé, maire de la ville, et M. Bernard, sous-préfet, en revendiquaient, l'un et l'autre, la primauté qui demeura, en définitive, au premier. Maintenant, renouvelons la séance de mes jeunes années et allons, par la pensée, au-devant du cortège, comme je m'y trouvais moi-même de ma personne à cette époque.

M. le Maire avait fait doubler de satin blanc un cabriolet, appartenant à M. Savary des Forges, pour l'entrée solennelle de la princesse ; deux valets de pied, en livrée, tenaient les guides de chaque côté du cheval.

Madame venait de Luçon, était dans une calèche découverte, avec son écuyer M. le comte de Maynard ; ses dames d'honneur suivaient dans une autre voiture. Un détachement à cheval de jeunes gens de Fontenay et des environs, aux ordres de M. Georges de Hillerin, servait d'escorte ; leur tenue était habit vert, à une seule rangée de larges boutons blancs, pantalon même nuance, chapeau à la française avec un plumet blanc de 40 centimètres ; giberne et sabre de cavalerie. En faisaient partie MM. de Montreuil, Paul Rousse, Brunet de la Collinerie, Millouin, le même qui avait été petit

Mameluck, en 1808, à l'occasion du passage de l'Empereur, etc., précédés d'un trompette sonnant la marche, qui s'appelait Boureau et habitait la rue du Bédouard ; il l'avait été aux cuirassiers de la garde, alors que M. de Maynard, son protecteur, en était colonel.

Le Maire et le Conseil municipal s'étaient transportés à un kilomètre de la ville ; à leur vue le cortège fait halte, Madame descend, appuyée sur le bras de son écuyer. M. le Maire la complimente et lui offre de faire son entrée dans le véhicule qui avait été préparé. La duchesse crut pouvoir ne pas acquiescer à ses désirs, remonta dans sa calèche et l'on se mit en route. M. Devassé, de son côté, jugea à propos de prendre, pour lui, dans le cabriolet, la place qu'elle y aurait occupée.

Le cortège défile par la barrière de Nantes, dont les côtés étaient dissimulés sous le feuillage de six peupliers très hauts de taille et qu'on y avait transplantés pour l'occasion ; passe devant l'hôpital, suit la rue, contourne la place d'Armes, devant l'Union-Chrétienne et s'avance vers le Pont-Neuf. La Vendée n'est jamais un fleuve, surtout au mois de juillet ; ses eaux, un peu ternes, coulaient doucement sous les pas de l'illustre visiteuse et n'en servaient pas moins, avec les arceaux de la voûte, qui les couvrait, de soubassement pittoresque à l'arc de triomphe grandiose qui s'élevait vers les cieux, soutenus par deux fortes colonnes faites avec des gerbes d'orge, en pleine matûrité ; on eût dit des épis d'or ; c'était assez affirmer la fertilité du département.

De là, un oblique à gauche conduit à la place du Mouton, à la Petite-Rue, au Pont-des-Sardines, avec ses arches et ses piliers séculaires, puis à cette fontaine aux deux licornes, plus séculaire encore et dont les eaux ont la vertu de féconder les talents de ceux qui vont y boire. La duchesse jeta un coup-d'œil de prédilection sur ces sources abondantes des beaux esprits et monta, par le Puy-de-la-Vau, jusqu'à l'hôtel de la Mairie, où un confortable déjeûner l'attendait. Les demoiselles de la haute société lui offrirent une corbeille de fleurs ; et les filles du peuple voulurent avoir le même honneur sous la direction des demoiselles Bellion et Hucteau, tailleuses en robes, ouvrières recommandables, qui ont laissé de bons souvenirs parmi nous.

Le repas terminé, Madame se transporta sur la place d'Armes, où était rangée en bataille notre belle compagnie de sapeurs-pompiers, aux ordres du capitaine Babin des Bretinières ; elle remarqua avec satisfaction sa tenue toujours correcte et irréprochable.

Ce jour du 11 juillet 1828 fut un jour de fête pour le 8e régiment de chasseurs, en garnison dans nos murs ; les officiers et les hommes se mirent en grande tenue, mais ne parurent aucunement sur les rangs. A trois heures de l'après-midi, la duchesse de Berry reprenait le chemin de Luçon, avec son escorte.

Pendant ce temps, le 6e régiment de grenadiers de la garde royale avait l'heureuse chance d'être en garnison à Orléans, sous la direction spirituelle de M. l'abbé Deguerry, qui en était l'aumônier en pied. Ce fut ce digne ecclésiastique qui y prêcha, cette année, le panégyrique de Jeanne d'Arc. Il devint curé de la Madeleine et sa fin, comme martyr de la patrie, en 1871, n'est inconnue de personne. Uniforme entièrement bleu-de-roi, brandebourgs et plumet blanc au bonnet à poil.

Le 14 décembre de cette année 1828, passage à Fontenay-le-Comte d'un détachement du 1er régiment d'artillerie à pied, ayant un total de 5 officiers et 104 sous-officiers et soldats ; uniforme comme dessus, à la compagnie d'ouvriers de l'arme.

Ici, nous sommes obligés d'arrêter la marche de nos colonnes de passage, c'est le cœur qui commande halte ! C'est, en effet, une dette de cœur à payer, et largement payer, au digne et vénérable prêtre qui a guidé mes pas dans la voie si difficile du sacerdoce ?

On lit, en effet, dans la feuille d'annonces de Fontenay-le-Comte, 13 février 1830, n° 545 :

« Mardi dernier, 9 du courant, a eu lieu l'installation de M. l'abbé Dorion, nommé curé de Notre-Dame de Fontenay-le-Comte. Monseigneur l'évêque de Luçon, arrivé la veille à cet effet, a voulu, en se chargeant lui-même de la mise en possession de notre nouveau pasteur, lui témoigner, ainsi qu'à la paroisse qu'il est appelé à diriger, son estime et son affection particulières.

» Une messe solennelle, où ce prélat a officié pontificalement et à laquelle assistaient un nombreux clergé, les autorités civiles et judiciaires, le Conseil municipal et la compagnie des sapeurs-pompiers, a été suivie des cérémonies en usage en pareilles circonstances.

» Aux paroles pleines de bienveillance et d'onction,
adressées par Monseigneur à M. le curé et aux fidèles,
M. Dorion a répondu, du haut de la chaire, par un
discours également remarquable par le choix des
pensées et la grâce d'élocution, et qui laissera une
impression durable dans l'esprit de son nombreux
auditoire. Les sentiments qui y étaient exprimés, les
vertus, les qualités aimables que nous avons été déjà
à même d'apprécier, tout nous donne lieu de croire
que l'excellent pasteur que nous avons perdu et qui a
emporté tous nos regrets est dignement remplacé. »

Nous avons précédemment relaté la mort de M. le
curé Pitaud, sous la date du 4 avril 1829.

Ce devoir précieusement rempli, continuons la marche
en avant.

Nous sommes en 1830 et le 23 avril ; nous jetons un
coup-d'œil rétrospectif sur la position ; nous trouvons
qu'à cette époque, nous avons toujours en garnison les
3 escadrons du 9ᵉ cuirassiers, régiment auquel nous
tenons d'autant plus que leurs ancêtres ont été les héros
de Waterloo et que leurs petits-fils ont été les héros de
Reischoffen ; détruisez donc, après cela, les cuirassiers ! ! !
mais... vous entamez l'héroïsme, vous le détruisez en
partie ! ! !

Eh ! bien, voilà qu'à la date sus-indiquée 23 avril,
jour de la Saint-Georges, patron des soldats, un
détachement du 2ᵉ régiment d'artillerie à cheval, fort
d'environ 400 hommes, aux ordres de 20 officiers, vient,

par billet de logement émanant de l'autorité municipale,
nous demander l'hospitalité. Ah ! c'est toujours paternel
et fraternel dans notre ville, d'autant plus que leur
objectif était l'expédition d'Alger, si glorieuse pour nos
armes et notre drapeau.

Mais, le 6 mai suivant, nous avons en perspetive un
nouveau détachement : Qui vive !... 8ᵉ régiment d'artillerie à pied, 5 batteries, 300 hommes, 18 officiers !...
Quelle destination ?... Alger !... Avancez ! Honneur
à vous, soldats ; vous êtes les bienvenus ! !

A partir du 6 mai 1830, les passages de troupe font
le vide jusqu'au mois de novembre 1834.

A cette date, le 4ᵉ régiment d'artillerie, colonel
Vaudrey, portion principale à Rennes, nous expédie,
à destination de Bayonne et frontière d'Espagne, 6 de
ses batteries, fortes de 25 officiers, d'environ 450 hommes
et 600 chevaux ; la marche est en deux colonnes à peu
près égales, mais sans canons, ils en trouveront là-bas
aux Pyrénées ; seulement les chevaux portent tous les
attelages et sont munis de tous leurs appareils.

N'allez pas croire, chers lecteurs, que ces jours de
marche, quelque lointaine que soit la destination, soient
des jours de fatigue ; mais non, ce sont des jours de
triomphe, si j'ose parler ainsi ; on se fête au passage,
dans toutes les villes de garnison, et le 4ᵉ d'artillerie
eût l'heureuse chance de rencontrer à Fontenay, le
3ᵉ hussards. Les hussards ! ! Braves gens, s'il en fût ! Et
certes, il y en a toujours, sans préjudice du courant.

La sabretache fit donc à l'artillerie, au Cercle militaire, une de ces réceptions qui datent dans les annales de la fraternité.

Mais nous voilà de nouveau arrêtés par un fort long vide de 1834 à 1849, comblé seulement, aux époques trimestrielles, par le va-et-vient des escadrons du 3ᵉ hussards, 9ᵉ chasseurs, etc., de Niort à Nantes, par Fontenay.

Enfin, en juillet et août de cette année 1849, le 5ᵉ régiment de hussards, allant de Castres et antérieurement d'Afrique à Pontivy, a fait étape à nos foyers.

Voici son ordre de route :

La première colonne, 1ᵉʳ et 2ᵉ escadrons, avec le lieutenant-colonel de Cotte, avaient, quand je les ai vus, pelisse au vent, malgré une chaleur tropicale ;

La deuxième, 3ᵉ escadron et état-major, commandée par le colonel d'Allonville, avait la même tenue ;

La troisième, 4ᵉ et 5ᵉ escadrons, aux ordres d'un officier supérieur, est passée une douzaine de jours, après les deux premières colonnes ; il pleuvait et la troupe était en manteau (gris-blanc, à cette époque).

Le 5ᵉ hussards avait un effectif de 800 hommes, au front bronzé et bien trempé à la sueur du soleil d'Afrique, comme leur sabre l'était aussi, à l'arme blanche, disaient les Arabes. Leur uniforme était dolman et pelisse bleu-de-roi, tresses et pantalon rouges, ainsi que le schako ; ceinture, sabretache, etc. ; les trompettes en kolback ; le régiment avait laissé ses chevaux barbes eu Afrique et avait eu le temps à peine de se remonter en France et encore très mal ; quantité de chevaux étaient conduits en laisse par les hommes.

Ma chronique de ce temps, tome I⁰ʳ, f⁰ 37, dit que ses instruments étant emballés, la musique du Collège, conduite par le principal, se présenta au colonel d'Allonville et s'offrit de marcher en tête de ses escadrons, pour leur faire la conduite. Sur son acceptation, cette petite fanfare les accompagna jusqu'à l'embranchement des routes de Luçon et de Nantes ; elle ajoute que là, le colonel tira de ses sacoches un vieux cruchon de liqueur et paya la goutte à ces jeunes élèves, en les remerciant de cœur.

En octobre 1851, c'était le 9ᵉ hussards pour lequel nous avions des billets de logement ; colonel Morin ; lieutenant-colonel de Tallin, en tête. Ceux-là, n'étaient pas aux couleurs voyantes ; tant s'en fallait ; la silhouette de la mort semblait planer sur leurs pelisses, leurs dolmans, leurs tresses, leurs cordons, leurs sabretaches ; tous ces effets étaient noirs ; le schako, le pantalon étaient bleu-ciel, ceinture rouge à coulants blancs ; tout cela leur imprimait une teinte de crânes (1).

Le 4 octobre, l'escadron, l'état-major et le dépôt du 9ᵉ hussards, venant de Pontivy, plus un escadron

---

(1) Leurs grands-pères, appelés hussards de la mort, faisaient bien plus grand peur qu'eux. Ils avaient en outre des têtes de mort et des ossements en sautoir, dans leur dos, sur leurs sabretaches, qui de couleur blanche, se détachaient très bien sur le noir de leurs uniformes. C'était des crânes à tout crin, ces vieux pépés.

du même, venant d'Ancenis, avaient rallié l'escadron, en garnison à Nantes et y avaient fait séjour.

Cette première colonne, composée des 1ᵉʳ, 2ᵉ et 5ᵉ escadrons, était commandée par le colonel Morin ; arrivée à Fontenay le 9, elle y fit aussi séjour.

Le 14 dudit, le 3ᵉ et 4ᵉ escadrons, aux ordres du lieutenant-colonel de Taffin, passèrent à Nantes, et le 19 dans notre ville.

Le 12ᵉ chasseurs, parti de Poitiers, relevait dans tous ses cantonnements le 9ᵉ hussards.

La portion principale et l'état-major du 9ᵉ hussards firent séjour à Fontenay ; le colonel les passa en revue sur le champ de foire, à la grande satisfaction des habitants. Merci au corps d'officiers du bon accueil qu'ils m'ont fait et du déjeûner qu'ils m'ont offert sur l'herbe, dans un champ, à la grand'halte ; il n'en était que meilleur. A Niort, le 1ᵉʳ hussards leur a fait une réception superbe. Le colonel Lion, de ce régiment, avait été commandant au 9ᵉ.

Dans le cours du mois de janvier 1856, le 9ᵉ hussards part de Tarbes pour Chartres sur trois colonnes ; les deux premières par Angoulême, la troisième par Toulouse, se rejoignant à Tours. Le régiment déjà très nombreux en hommes et en chevaux, à cause de la guerre de Crimée, avait reçu l'année précédente 600 recrues, dont une trentaine de jeunes soldats de la Vendée.

La concentration ayant eu lieu à Chartres, la répartition fut comme suit :

Le 1er et 2e escadrons, à Rouen ;

Le 3e et 4e, à Châteaudun ;

Le 5e et 6e, état-major, à Chartres.

Mais voilà qu'en mai de cette même année 1856, le dépôt du 1er hussards laisse Carcassonne où il est en garnison, pour occuper conjointement avec les quatre autres escadrons rentrant de Crimée, les positions du 9e.

Ce fut alors qu'en 1856, ce dernier fut licencié à Chartres même, versant une grande partie de ses hommes et de ses chevaux au 1er, qui se trouvait démonté par suite de la vente à 200 fr. l'un, des chevaux d'Asie qu'on leur avait donnés au commencement de la campagne, à Varna.

Telles les notes communiquées par le général Séverin Bousquet, arrivant alors de Constantinople, où il commandait au camp de Malask, la brigade d'occupation 1er et 84e de ligne.

Le reste du 9e hussards passa dans la cavalerie de la garde et dans d'autres corps ; 150 hommes furent incorporés dans la 2e compagnie de remonte, à Fontenay, et annexes.

Puisque nous sommes à notre 2e circonscription de remonte, nous ne pouvons passer outre, sans lui offrir un tribut d'hommages ; nous sommes d'assez ancienne connaissance pour cela, et dans le militaire, on est toujours bien aise *de se reconnaître* à l'occasion.

En 1836, elle était commandée par le lieutenant-colonel de la Roque-Latour, sortant des officiers supérieurs du 3e hussards et se décomptait ainsi :

Fontenay, état-major, dépôt 200 hommes 7 trompettes
Saumur 205   —   1   —
Saint-Jean-d'Angély......   80   —   2   —
Saint-Maixent   75   —   1   —

560 hommes 11 trompettes

Officiel et communiqué sous cette date.

Le f° 125 du 1er volume de mes manuscrits relate les n°s des régiments qui y détachaient des auxiliaires pour un temps plus ou moins long, comme c'était l'usage, à cette époque.

A partir de 1856 et par suite du versement des hommes du 9e hussards, la remonte put se suffire davantage à elle-même ; on lui donna un uniforme à la hussarde, à peu près semblable à celui de l'ancien 5e de l'arme, dolman bleu-de-roi avec tresses blanches, schako et pantalon rouges, etc., etc.

Aujourd'hui 1887, aucun détachement n'y séjourne ; les régiments désignés envoient prendre les chevaux par des cavaliers, qui repartent immédiatement.

Excellente physionomie que celle du lieutenant-colonel de la Roque - Latour, revêtant un grand caractère d'honorabilité et une excessive bienveillance pour tous. Il ajoutait à ces qualités, celle d'aimer passionnément l'uniforme.

Son dolman du 3e hussards ne l'abandonnait jamais ; il aimait ce gris-argentin du fond, comme le chef d'escadrons Delmont, du 1er, aimait son bleu-ciel qu'il ne laissa jamais, même lorsqu'il exerçait les fonctions de commandant de recrutement, et qu'il conserve encore précieusement ; comme le capitaine Audibert, du 2e, était attaché à son brun-marron. Après l'unification d'uniforme dans l'arme, ce dernier venu à Pont-à-Mousson, pour revoir son ancien régiment, fut profondément affligé, en voyant le changement ; tout à coup il aperçut un hussard qui avait une veste brun-marron, il tressaillit de joie et de souvenir, voilà l'exemple confirmant la théorie indiquée plus haut.

Le temps qui amène la succession des choses nous conduit promptement de 1856 à 1857 ; qu'est-ce qu'une année dans la suite de ses anneaux ? Aussi bien, voilà qu'il déroule à nos yeux la place d'Armes, le champ de foire de Fontenay pleins de canons, de caissons, de voitures, de forges de campagne, de cantines, etc. Qu'est-ce que tout ce matériel ?

C'est tout simplement le 10e d'artillerie monté, qui change de garnison et va de Rennes à Toulouse, aux ordres du colonel de Pontbriant et du lieutenant-colonel Lambinet.

Le f° 78 du 1er volume de mes manuscrits contient le nombre de chaque partie de ce matériel, voire même les noms de chaque pièce d'artillerie et le lieu de sa fonderie.

Le régiment se rend à destination sur trois colonnes ; les fanfares et la musique sont excellentes.

De son côté, le 3e hussards, le même que nous avons eu en 1835, a laissé Libourne pour Pontivy et c'est ici même, dans notre ville, que les colonnes se croisent ; de là un certain encombrement, mais aucune confusion.

Fontenay, en effet, a moins de 10,000 âmes et nous eûmes à loger, dans l'intervalle de cinq à six jours, pour les deux régiments, 111 officiers, 1933 hommes de troupe, 1714 chevaux, 24 canons et caissons, 22 voitures, fourgons et cantines ; mais avec l'ordre, tout marche à merveille.

Le 10ᵉ d'artillerie, à l'effectif de 16 batteries, n'en avait que 14 de passage, la 1ʳᵉ étant à Rome et la 2ᵉ à Tlemcen.

Le 3ᵉ hussards avait ses six escadrons et son dépôt au complet.

A quelque différence près, nos gentils hussards sont toujours les mêmes : gris-argentin dans la tenue, mais les tresses rouges ont été remplacées par des tresses blanches ; puis le colonel de Kersaulaün n'a-t-il pas eu la fantaisie de se donner un peloton de sapeurs, avec talpacks en astrakan et barbe à tout poil ! Ces beaux sapeurs sont, comme de droit, en tête de colonne, mais n'étant pas réglementaires, ils avaient été obligés de se faire raser et de rentrer dans le rang, pour les jours de l'inspection seulement, le général ne reconnaissant pas ce droit au chef de corps. Quelques jours après, la barbe avait repoussé aux sapeurs, leurs astrakans leur avaient été rendus, ainsi que leur place en avant. C'est dans ces conditions que le colonel voulut bien les replacer à la tête de son régiment, qu'il avait pris soin de faire mettre en grande tenue, pelisse au vent pour les montrer dans toute leur splendeur à leurs anciens hôtes de Fontenay.

Le soir, la musique avait joué sous les fenêtres du Cercle militaire, à la réception dont leur avaient fait les honneurs, le colonel de la Roque-Latour et les officiers du dépôt de remonte, à laquelle était détaché un des leurs, le capitaine du Chaylard ; les trompettes avaient, pour couronner la journée, sonné la retraite en fanfare et rallié tous les curieux.

M. Vinet était alors maire de Fontenay et habitait la maison qui forme aujourd'hui le bel établissement de Saint-Joseph. Il logeait le colonel et celui-ci lui avait promis une aubade, pour réveil-matin, le jour du départ. Les ordres, ou n'avaient pas été donnés ou avaient été oubliés. Il y a donc des distractions dans l'armée ? Oh ! oui, là comme ailleurs ! Le régiment partait et se trouvait à la hauteur de la barrière du Bédouard, quand le colonel demanda si le salut d'à-revoir avait été donné à M. le Maire ; sur la réponse négative, il envoya ses fanfaristes exécuter, dans sa cour, un morceau de 1ᵉʳ choix ; la mission remplie, ils rejoignirent le régiment au trot.

Le 3ᵉ hussards se complaisait à Fontenay, qui est une ville de bon milieu, en tout genre ; pour preuve, c'est que plusieurs officiers s'y fixèrent à leur limite du temps de service : par exemple, le capitaine *Riquer*, le lieutenant *Puissant*, le vétérinaire *Marty*, etc.

Faisons étape avec le 3ᵉ hussards, pendant quelques jours, c'est un peu notre habitude ; nous serons toujours, dans ses rangs, en bonne compagnie, et poussons, après avoir salué Nantes, jusqu'à la lande de My-Voie, théâtre du célèbre triomphe de trente chevaliers bretons sur trente chevaliers anglais. La chronique de l'époque, que nous avons recueillie avec soin, dit :

« LE 3ᵉ RÉGIMENT DE HUSSARDS A LA LANDE

DE MY-VOIE

» L'état-major et les escadrons du 3ᵉ régiment de hussards, se rendant de Libourne à Napoléonville, sont passés le 22 octobre 1857, dans la lande de My-Voie, près Josselin, célèbre par le combat des Trente qui s'y livra en 1351.

» Arrivé devant la pyramide de granit élevée à la mémoire des chevaliers bretons qui prirent part à cette lutte héroïque, M. le comte de Kersaulaün, colonel du régiment, fit former les escadrons en bataille vis-à-vis du monument et adressa à ses hussards de nobles et chaleureuses paroles, en les avertissant qu'ils allaient rendre les honneurs aux braves, morts en cet endroit pour la défense du sol natal, et en leur disant que si l'occasion s'en présentait jamais, il avait la conscience qu'ils sauraient suivre un si sublime exemple.

» L'allocution du colonel terminée, les escadrons mirent le sabre à la main, présentèrent les armes,et défilèrent ensuite devant la pierre sur laquelle sont gravés les noms des trente héros, que l'humble monument recommande à l'admiration de la postérité.

» La musique du régiment faisait entendre des fanfares guerrières pendant cette cérémonie pieuse et touchante, qui n'avait pour témoins, dit la lettre de laquelle sont extraits ces intéressants détails, que les chênes séculaires qui, peut-être, le furent aussi du célèbre combat de la lande de My-Voie.

» C'est ainsi que notre jeune armée, fidèle au culte des glorieux souvenirs, sait honorer la mémoire des braves, morts pour la défense de la patrie. »

C'est lui, ce 3e hussards, composé en grande partie de Lorrains et d'Alsaciens, qui, à Wissembourg, en 1870, formant la ligne d'éclaireurs, a chargé 17 fois contre les Prussiens, aux ordres du colonel, aujourd'hui général d'Espeuilles.

Que l'armée a besoin de Dieu ! ce n'est pas seulement d'urgence sur le champ de bataille, que Dieu est le Dieu des armées ; c'est partout que le soldat lui appartient ; c'est partout qu'il doit l'adorer, le servir et dans tous les temps.

Qui n'a pas vu, au camp de Châlons, une messe militaire, avec 30,000 hommes sous les armes, n'a jamais rien vu ! Qui n'a pas vu, dans ces conditions, à genou-terre, ces 30,000 soldats, présentant les armes au Dieu *des armées,* qui descend du ciel, à la voix d'un simple aumônier, et ce, sous les décharges réitérées de l'artillerie, les sonneries des trompettes, les batteries des tambours et le salut des drapeaux inclinés, celui-là n'a pas vu grand'chose !

Mais continuons notre marche en avant. Quel est aujourd'hui le régiment à l'ordre du jour? C'est le 8e hussards, portion principale à Niort, détachant un escadron à Nantes ; c'est le plaisir de le recevoir successivement à Fontenay, au changement trimestriel.

Mais voilà qu'il reçoit l'ordre d'aller à Sainte-Anned'Auray, en Bretagne, où il doit, avec le 6e de l'arme, faire l'escorte de l'Empereur, qui s'y rend, le 15 août 1859.

Le 8e hussards ! et, c'est le beau type ! Dolman, pelisse et pantalon bleu-ciel, tresses jaunes, d'or pour l'officier, talpacks à flammes ; et, le reste, dans le genre et dans l'espèce, peint par lui-même au mieux ; c'est l'élégance dans toute sa beauté.

Le 6e ? Ah ! beau type aussi lui ! Dolman et pelisse vert clair, tresses blanches, d'argent pour l'officier, pantalon et schako rouges. C'est du hussard pur-sang. Ce régiment, parti de Tours, se rend directement à Sainte-Anne-d'Auray. Il nous arrivera plus tard (1).

Le 8e passe à Fontenay, le 2 et le 3 août, en deux colonnes : la première, aux ordres du colonel Le Prudhomme de Fontenoy, 138 hommes et 140 chevaux du 1er escadron ; la deuxième, lieutenant-colonel de Mathan, 3e et 4e escadrons, forts de 176 hommes et de 154 chevaux.

Ayant des connaissances spéciales au régiment, j'ai eu l'honneur d'une réception à dîner par les officiers, à Fontenay même, ce qui veut dire que là, comme ailleurs, les officiers sont les empressés de l'aumônier.

Puis, arrivés à destination, les deux régiments sont

______

(1) Voir aux pièces justificatives G.

en bataille devant la basilique de Sainte-Anne-d'Auray et présentent les armes au Dieu qui permet la guerre pour punir les peuples, mais qui, avant tout, est un Dieu de paix.

Le 28 et le 29 août, retour des deux colonnes pour Niort.

Quatre ans après, en 1864, je rencontrai le 6e et le 8e hussards, au camp de Châlons même. Faisons-y la pose et la grand'halte de nos pérégrinations, en racontant l'épisode qui suit :

Le premier que je trouve sur le front de bandière est un sous-lieutenant du 8e qui débute au corps. Il me rend agréablement le salut et me dit avec un étonnement marqué : — Un prêtre au camp ; c'est une exception, on n'en voit jamais ; soyez le bien venu, monsieur l'abbé ! Pourrait-on savoir dans quel but vous vous trouvez ici ? — Dans quel but ? Pour voir les connaissances et amis, pas plus, et voilà que je lui décline les noms du colonel et des officiers supérieurs de son régiment. — Ah ! monsieur l'abbé, c'est différent ; vous êtes donc ici chez vous ! — A peu près ; faites demander le capitaine de Marcé, qui était des environs de Chantonnay (Vendée), et vous verrez. Celui-ci arrive, m'accueille avec la plus grande cordialité et m'invite à déjeûner avec le corps d'officiers. J'accepte, et comme il n'était que neuf heures du matin, je me rends, en attendant, au campement du 92e de ligne, ancien 17e léger. Je demande le colonel Soubeyran-Compaigno et je lui rappelle que ce régiment avait été, en 1832, atteint du choléra, en Vendée, qu'on avait été

obligé de former une ambulance spéciale pour ses malades, aux Sables-d'Olonne, et que, comme il n'y avait
personne pour s'en occuper, les élèves du Petit-Sémi-
naire, dont je faisais partie, s'étaient volontairement
offerts pour faire près d'eux les fonctions d'ambulanciers,
sur l'initiative de leur brave supérieur, M. Dalin, homme
d'un très grand dévouement (1).

De là une explosion de satisfaction de la part du
colonel, qui appelle immédiatement l'adjudant-major et
le prie de voir s'il n'y avait pas encore au régiment un
officier de cette époque. De 1832 à 1864, il y a loin ; le
dernier venait de partir il y avait six mois. L'invitation
à déjeûner ne s'était pas fait attendre. Mais, il me
semble qu'un ecclésiastique, qui compte la sobriété
parmi les vertus de son état, ne peut pas déjeûner deux
fois, dans un jour. Donc, il faut trouver le moyen de se
débrouiller, c'est le mot ; ce n'était pas si malin pour
moi. Je retourne aux hussards, je vois M. de Marcé et
lui expose le cas. — Allez, me dit-il, mon ami, nous
reprendrons ça.

Me voilà bientôt à table, à la droite du colonel de
l'ancien 17ᵉ léger, qui s'était si bien distingué en
Afrique, sous les ordres des colonels Bedeau et duc
d'Aumale, dont nous avions soigné les anciens en
Vendée, nous autres petits élèves de 15 à 20 ans ; et
dont un certain nombre de convalescents avaient été

---

(1) Au 1ᵉʳ vol. de mes manuscrits, fᵒˢ 17-18, sont toutes les pièces
à l'appui de ce fait et les témoignages de satisfaction des autorités, etc.

évacués *(sic)* en 1833, sur Fontenay et logés provisoirement aux chambres vacantes du quartier de cavalerie, dont j'écris l'historique, alors qu'il n'y avait que deux escadrons de gendarmes à cheval.

Allons plus loin, que l'histoire comparée, rapprochée, a de charmes. Après nos malheurs de 1870-71, nous retrouvons à Fontenay l'ancien porte-drapeau du célèbre 17e léger, M. le commandant Menu, y exerçant les fonctions de percepteur. Revêtu avant et pendant la guerre des mêmes attributions, dans le pays envahi, il avait sauvé sa caisse et l'avait fait verser, par le moyen d'une de ses demoiselles, aux recettes françaises, en ne reculant pas d'une semelle devant les Prussiens. Il l'avait mariée dans notre ville, au capitaine adjudant-major Gary, du 137e, aujourd'hui commandant au 1er de ligne. M. Menu y mourut inopinément, après quelques années d'un repos physique et moral si légitime.

Toute la garnison, toute la ville s'associa au deuil de ce brave homme, de cet honnête et modeste soldat que nous avons pu visiter quelques fois et qui est une des gloires de l'ex-17e léger.

De 1859 à 1871, il n'y a pas eu de passage de cavalerie dans nos contrées. Il faut se reporter à la fin de la guerre contre la Prusse; à cette dernière date de 1871, nous avons le 7e régiment de marche de cuirassiers qui, étant alors à l'armée de la Loire, reçut l'ordre de se rendre à Niort et passa par Fontenay. Il avait été composé avec des hommes pris dans différents dépôts de l'arme et de carabiniers.

Chaque détachement avait sa tenue propre avec ses différentes nuances de revers et de collet. Les cuirassiers portaient leurs casques à crinière noire et les carabiniers leurs casques à chenille rouge. Il était encore fort en hommes et en chevaux. Le lieutenant-colonel Bergeron, qui le commandait, était un de mes meilleurs amis de l'armée et m'avait écrit d'Ancenis de ne pas le manquer au passage ; j'eus en effet l'honneur d'être reçu par lui et par ses officiers.

M. Bergeron, sorti des enfants de troupe du 8ᵉ cuirassiers, fit presque toute sa carrière au 6ᵉ et fut nommé plus tard colonel du 3ᵉ hussards ; il le rejoignit en Afrique en 1875 et y mourut. *Un enfant de troupe* devenu colonel, comme c'est beau et d'un bel exemple. Et, il y en a plusieurs autres, dans ces conditions ; je ne manquais pas de le proposer à l'imitation de mes enfants de troupe, quand j'étais aumônier militaire au 5ᵉ corps, à Orléans. Le commandant Larguillon, de ce corps, était un grand amateur d'archéologie, et il eut dévoré tous les châteaux et tous les monuments du monde, si on eut voulu le croire. Dans cette qualité, il visita nos savants de Fontenay, et leurs musées.

Le 7ᵉ de marche ayant été fondu avec le 7ᵉ en pied, à Niort, il se trouva en même temps, au régiment, deux lieutenants-colonels, M. Bergeron, dont je viens de parler, qui faisait fonctions de major de place, et M. Tréboute. Devant cet autre nom, je m'incline comme devant le premier et je salue en lui un excellent ami et *un pays*. Il était en effet de Bitche, le plus près voisin de mes parents, et y avait encore sa mère, qui mourut à 94 ans.

Promu colonel au 6ᵉ hussards, en remplacement du comte de Lignières, nommé général, il rejoignit ce corps à Pontivy et le conduisit de cette ville, à Bordeaux, par Fontenay, en 1880. Avant d'entrer en ville, les hussards déjeûnèrent sur l'herbe, dans l'allée du Pourteau, avec un morceau de pain, une tranche de jambon, du fromage et un verre de vin ; encore dans ces occasions, il n'y a pas de verre pour tous, on boit dans le même ; on n'a pas *la gale dans les dents*, comme me l'a dit un jour, dans un cas analogue, un lieutenant-colonel...

A cette époque, et depuis quelques années, la tenue des hussards n'était plus que l'ombre de celle du temps passé. Plus de kolback, de sabretache, de pelisse, de ceinture ; plus de spécialité de couleur pour chaque régiment ; un dolman bleu-ciel à tresses blanches, schako bleu-ciel aussi et pantalon rouge, uniformément pour chaque ; c'est tout. Voilà nos hussards du jour ; la tenue est bien amoindrie. Cette spécialité de couleur contribuait puissamment à entretenir l'esprit de corps, si précieux pour l'arme et pour l'armée. L'honneur du corps donne une valeur immense à l'individu qui en fait partie et qui comprend que son premier devoir est de ne pas rester inférieur à son passé et de ne rien faire qui puisse, tant soit peu, maculer un uniforme, demeuré sans tache, depuis des siècles.

Le kolback, la sabretache, la pelisse, la ceinture étaient donc une puissance et un vigoureux excitant à la bravoure, au courage, aux vertus militaires, et en prenant la partie pour l'ensemble, nous ne pouvons en apporter ici une meilleure preuve que celle du témoignage de l'auteur de la poésie suivante, ancien engagé au 4ᵉ hussards et capitaine au 8ᵉ, M. Chazel, président de la Société des anciens militaires de la ville de Châteauvieux (Isère), à nous adressée dans un temps déjà éloigné, 12 novembre 1869 :

La sabretache
Du vrai hussard est le cachet :
Sitôt qu'à son sabre on l'attache,
De vaincre est là tout le secret,
La sabretache !

———

Sans sabretache,
Adieu hussard, adieu laurier ;
Mars est rétif, dès qu'on attache
La pelisse et le baudrier,
Sans sabretache !

———

Ma sabretache
Fera toujours mon seul bonheur ;
Je n'aurai jamais d'autre attache ;
Elle seule remplit mon cœur,
Ma sabretache !

———

O sabretache,
Tu ne me quitteras jamais ;
Je veux qu'à ma tombe on t'attache ;
Nous ne ferons qu'un désormais,
O sabretache !

La mesure *de l'attache* au cœur est la mesure du regret provoqué par sa suppression.

Le capitaine Chazel aimait passionnément l'uniforme, surtout celui du 4ᵉ hussards, et c'était par prédilection pour sa tenue, qu'il avait choisi ce régiment, en s'y engageant, vers l'époque de 1837, à Fontainebleau, sous le savant colonel Brack. Il nous écrivait que lorsqu'il se vit revêtu d'une pelisse écarlate, garnie de peau d'agneau noir, d'un dolman même couleur avec les tresses et agréments blancs, d'un pantalon bleu-ciel avec schako de même nuance, il était l'homme le plus heureux du monde. Il comptait avec sa jeunesse, le brave garçon, sans envisager les décomptes inséparables de l'avenir.

Mais, à propos d'*attache*, ce mot me rappelle que j'en ai eu moi-même au 4ᵉ hussards du Iᵉʳ Empire et d'abord à son colonel *Jean-François Christophe,* nommé en 1811, sortant comme lieutenant-colonel du 2ᵉ de l'arme. Il avait alors 39 ans, il fut général à 44 ans.

C'est à lui qu'on attribue la prise de la flotte hollandaise, en 1794, avec l'escadron du 2ᵉ hussards-Chamborant, qu'il commandait ; fait, dit la chronique, le plus hardi, le plus excentrique, le plus audacieux, le plus téméraire qui fut jamais. Ses malheurs égalèrent la grandeur de ses services militaires et le conduisirent au tombeau, à l'âge de 54 ans. La vie n'a pas de remède pour les grands maux. Il en est, à la hauteur desquels la force morale n'arrive pas, humainement parlant ; Dieu seul peut la donner, cette force morale supérieure (1).

Et un jour aussi, après que je fus devenu homme, prêtre et aumônier volontaire de l'armée, sans solde, comme aujourd'hui, un jour.... je rencontrai dans une chaumière, sur un peu de paille, les vêtements en lambeaux, sans pain, ni lieu, un vieillard et son épouse, vieille, ainsi que lui. J'en demeurai attristé au suprème degré, confondu !... Qui était-ce donc ? C'était le cantinier le plus ancien de l'armée, le cantinier du 4e hussards, qui avait suivi le régiment dans toutes ses campagnes du premier Empire. Combien de fois, la bonne femme, jeune alors, avait servi la goutte au colonel Christophe, qui tout naturellement était leur protecteur.

Ils avaient été religieusement mariés, me dirent-ils, en Allemagne, à la grande armée, par un prêtre du nom de M. Gros, lui aussi aumônier volontaire du temps. Le temps joint tout et définitivement sépare tout. Les contrastes sont son caducée. Deux de leur fils, dont l'un était né sur le champ de bataille même, étaient morts en Afrique. Plus rien ici-bas !... Je recueillis leur âme et leur corps, en pensant qu'ils avaient été du 4e hussards. Les souvenirs de chaque régiment sont des titres qu'il ne faut jamais oublier. Leur nom était Aubry. Puis, le temps, qui ne pardonne à personne, les a emportés dans la bienheureuse éternité, j'espère. Puis encore, personne

---

(1) Voir l'*Ami du soldat*, nos 6 et 7 — 15 juin et 15 juillet 1887, Lyon, rue de la Part-Dieu, 88, M. Clot, aumônier militaire, directeur.

que moi, peut-être, ne pensera plus à eux sur la terre ;
c'est qu'il y a un homme ici-bas, qui enveloppe tout le
monde, sans exception, dans les plis de sa prière et de
sa charité ; cet homme, c'est le prêtre, en général, et, en
particulier, l'aumônier militaire dont la mission sacrée
est de se sacrifier pour l'armée.

Je fais retour, à l'intention des jeunes gens de Fontenay, sur le nommé Rataud, du Gros-Noyer, qui a
servi longtemps au 6ᵉ hussards, où il avait été incorporé
comme soldat, où il est devenu d'abord excellent sous-
officier, médaillé, décoré, puis officier pendant la dernière guerre, avec deux citations à l'ordre du jour.
Puis, avancez jusqu'à Chantonnay et prenez le nom du
maréchal-des-logis Baudin, qui, ces jours-ci, en Tunisie,
dans une rencontre où il a couru les plus grands dangers,
a sauvé un de ses camarades blessé, en le prenant sur
son cheval, et qui, lorsque celui-ci a été tué sous eux,
l'a emporté sur ses épaules jusqu'en lieu de sûreté. Mis
à l'ordre du jour par le colonel Danloux, proposé pour
la croix ou le grade d'officier, il a opté pour ce dernier.
De pareilles actions sont un grand honneur pour ceux
qui les font.

Le 6ᵉ hussards est le dernier régiment de cavalerie
qui soit passé à Fontenay, comme changement de
garnison. Aujourd'hui, contrairement au temps d'autrefois, on ne change plus, excepté dans des cas spéciaux,
qui sont rares. Les vieilles méthodes sont usées.

Fontenay, généralement parlant, n'a plus guère de
chance de voir sillonner dans ses rues des régiments de

cavalerie. Cependant, les grandes manœuvres lui ont fourni et lui fourniront encore des occasions en ce genre ; occasions plus ou moins étendues ou restreintes, selon la nature des opérations par corps d'armée, divisions ou brigades.

Quand le XIe corps, dont nous faisons partie, quartier-général à Nantes, est venu opérer devant Fontenay, en septembre 1879, sous les ordres du général de Cissey, qui n'avait pas oublié d'avoir, dans son état-major, M. l'abbé Minguy, son aumônier militaire, la brigade de cavalerie se composant du

7e hussards et du 25e dragons

Colonel Massiat   Colonel de Colbert

reçut notre hospitalité et celle des environs ; depuis, nous avons eu des détachements de ce dernier, toutes les fois qu'ont eu lieu à notre proximité des manœuvres partielles.

Cette brigade ayant été remplacée, en 1885, par le

2e chasseurs et le 3e dragons

Colonel Guérin d'Agon   Colonel Duvivier

une maladie contagieuse qui sévissait sur les chevaux des chasseurs, a empêché ce régiment de prendre part à celles de 1886 ; il a été remplacé par les dragons, à la 41e brigade, qui opérait en Bretagne ; et les dragons ont été remplacés à la 42e brigade qui a manœuvré en Vendée, par le 11e cuirassiers, en garnison à Niort ; ce qui nous a procuré la satisfaction de les voir de passage à Fontenay, le 22 septembre 1886, sous le commandement du colonel de Clérembault. Nos cuirassiers sont toujours ceux de Waterloo et de Reischoffen. Qu'ils étaient beaux sous la cuirasse et en tenue de campagne, ces quatre escadrons défilant dans notre ville ! Qu'elle était brillante, le soir, la réception qu'ont faite nos officiers du 137ᵉ, au Cercle militaire, à leurs collègues du 11ᵉ cuirassiers ; brillante aussi, celle des sous-officiers à leurs frères d'armes, le même soir, au *Café Helvétique*. C'était une vieille dette de cœur que la garnison d'ici tenait à payer, avec une générosité égale, à la garnison de Niort, qui avait si bien accueilli notre 3ᵉ bataillon en 1882, alors qu'il partait pour la Tunisie. Qu'on cherche ailleurs que dans l'armée une fraternité semblable ! La trouvera-t-on ?

Nous espérons bien qu'aucun obstacle n'empêchera le 3ᵉ dragons de venir faire connaissance, une prochaine fois, avec les habitants de Fontenay. Quant à moi, je ne suis pas à mon début avec lui ; je l'ai vu, en 1862 et en 1869, au camp de Châlons ; cette année même, 1887, à Nantes. Pour lui souhaiter la bienvenue dans nos murs, nous pourrons lui offrir trois palmes : l'une prise en 1799, au combat du Mont-Thabor, où un maréchal-des-logis a désarçonné un chef arabe et lui a pris son drapeau (1); une autre, à Sidi-Brahim, en Afrique, en souvenir de son ancien colonel Barbut, qui, alors 1845, maréchal-des-logis-chef au 2ᵉ hussards, avait survécu au massacre et avait été prisonnier d'Abd-el-Kader ; la troisième,

---

(1) Un tableau reproduit ce fait au musée de Nantes.

cueillie au camp de Sathonay, à l'honneur du maréchal-
des-Logis Faivre, lui aussi du 3ᵉ dragons, où il a eu une
citation en Espagne (1823), et qui est devenu l'abbé
Faivre, aumônier militaire, que tout le monde a connu
à Lyon. Dans sa place, à la chapelle du camp, fixé debout
à sa stalle, on voyait son ancien mousqueton, surmonté
de son vieux casque à crinière, qu'il avait conservé
comme souvenir (1).

Quant au 2ᵉ chasseurs, lorsque nous aurons le plaisir
de le recevoir, nous conduirons au cimetière ses officiers
et ses soldats, pour y déposer une couronne sur la tombe
du colonel Robert, son ancien chef de corps. L'ange
des batailles qui garde ses cendres, est toujours là, depuis
70 ans, bien mutilé par le temps et de longs hivers ;
il est là, quand même, comme une sentinelle fidèle
à son poste.

Nous rappelerons au 2ᵉ chasseurs sa présence sous les
ordres du colonel de Cotte, à la reddition de l'illustre
Abd-el-Kader, en 1847, et l'escorte d'honneur qu'il lui
a fourni, le premier, avec les spahis.

Nous lui rappelerons les 500 sabres, pris à un régiment
autrichien, que ses prédécesseurs avaient été autorisés
à porter pendant tout le Iᵉʳ Empire.

Beaux souvenirs que nous avons récemment envoyés
à Pontivy, pour l'historique du corps, et dont lettres

____

(1) Heureux en passant, de donner cette nouvelle citation au
souvenir de l'un de mes meilleurs collègues de l'aumônerie militaire.
C'est lui qui savait unir, comme le disait le général Ambert, la croix
à l'épée et l'épée à la croix.

d'accusé de réception et de remerciments du capitaine Darget, à la date du 22 octobre 1886 et du 26 janvier 1887.

(XVIe volume de mes manuscrits, f°s 160 et suivants).

Enfin, ce sont des batteries tirées de la brigade d'artillerie de Vannes :

28e   35[e]

Colonel de Bourgues   Colonel Thiou

qui servent les grandes manœuvres du XIe corps et le 11e escadron du train des équipages qui fournit les ambulances et les infirmiers.

Ceux-ci deviennent nos hôtes, à tour de rôle, selon les éventualités, ainsi que l'infanterie dudit corps.

On se rappelle qu'au commencement de cet article, j'ai donné les détails de la position, faite près du foyer de famille, au soldat de passage, par son billet de logement.

Paul Déroulède a parfaitement rendu ma pensée, quand, dans sa charmante versification sur le *bon gîte,* il a montré la *bonne vieille,* faisant du feu au soldat de passage, en lui disant :

Chauffe-toi, soldat, chauffe-toi !

Quand il a montré la *bonne vieille,* taillant sa soupe, remplissant son verre, en disant :

Refais-toi, soldat, refais-toi !

Quand il a montré la *bonne vieille,* faisant son lit, mettant les draps et lui disant :

Couche-toi, soldat, couche-toi !

Mais Déroulède est sublime de cœur, quand la *bonne
vieille* ayant rempli le sac du soldat de passage, pour les
étapes suivantes, il lui fait dire par le soldat, confus de
tant de soins :

> Ah ! bonne hôtesse, bonne vieille,
> Pourquoi tant me gâter ! pourquoi ?

Et que celle-ci lui réplique :

> J'ai mon gars, soldat comme toi !

C'est à pleurer de tendresse.

C'est que Paul Déroulède était alors officier au 30ᵉ
bataillon de chasseurs à pied.

Je cite le fait d'autant plus volontiers que j'ai été
l'objet d'une attention analogue de la part des officiers
de ce bataillon, auxquels j'ai été présenté par ceux d'un
escadron du 6ᵉ hussards, à Courbevoie, où j'étais moi-
même de passage. (Malheureusement Déroulède était en
permission). L'accueil a été parfait ; le dîner de même :
pain, soupe et rata, voilà le menu. On était disposé
à fourrer mes poches ; mais j'avais, à Versailles, où
je me rendais, le lieutenant-colonel Bergeron, du
7ᵉ cuirassiers, qui s'en chargeait.

Et voilà notre tâche terminée et le chemin militaire
que nous avons parcouru :

> *Stratum via militari iter,*

en appliquant aux troupes françaises cet adage que le
célèbre Quintilien attribuait aux soldats romains ; c'est
aussi le texte que nous avions adopté pour les campagnes du général Belliard.

Ces rapprochements sont autant de forces vives pour tous ; de ces forces-là, nous ne saurions jamais trop en avoir ; il faut les saisir au passage et les garder.

Et puisque nous avons l'honneur de rappeler ici, à la fin, le nom du général Belliard, que nous avons trouvé partout, au commencement, comme au milieu de cet opuscule, terminons par l'armée d'Egypte et un vieux maréchal-des-logis, à trois brisques, qui en avait fait partie. C'est le bouquet du dessert ; les fleurs en sont tirées d'Alexandrie, des Pyramides, d'Héliopolis et d'Aboukir ; c'est une belle corbeille assurément, les rubans qui lui servent de festons sont rouges et gris seulement ; chacun a sa nuance d'abord, elles se confondent ensuite.

C'est donc à ce vieux brisquard à tout crin, se trouvant un jour sur son passage, que Bonaparte devenu Empereur, adressa ces quelques paroles : — Tu étais avec moi, en Egypte ? — Je m'en flatte, mon Empereur ! — Tu étais à Aboukir ; il y faisait chaud, n'est-ce pas ? — Bougrement, je m'en souviens bien, allez ! — Et tu n'es pas décoré ? — Pas encore, mon Empereur, ça viendra ! — Eh ! bien, ajoute celui-ci, c'est venu, je te fais chevalier ! Le brisquard embrasse Napoléon d'un de ces regards indéfinissables qui veulent dire : Merci, mille fois ; se jette sur la redingote grise de son maître, en empoigne le pan, avec ses deux mains, le porte à sa bouche, en déchire un morceau avec ses dents crispées et le met à sa boutonnière. — Eh ! que fais-tu donc, s'écrie l'Empereur, surpris de cet improviste ! — Sire, c'est en attendant le rouge ! — Le maître s'éloigne attendri. Mais en attendant aussi, la redingote en avait vu de grise ; c'était l'affaire du caporal-tailleur.

Beau tout de même, d'avoir trois brisques à ce compte ! Quel dommage de les avoir supprimées !

UN A-PROPOS

SUR LA DÉNOMINATION DE NOTRE CASERNE D'INFANTERIE (1)

Le Général Bonnamy et l'amiral de Grimoüard, tous deux de Fontenay-le-Comte. — Le groupement des grands hommes de cette ville. — Les mémoires du cœur.

> *Convenientia cuique.*
> La convenance en tout.
>
> HORACE, art poétique.

Nous regrettons de ne pouvoir donner ici place à tous les régiments d'infanterie qui ont été de passage à Fontenay-le-Comte, depuis le même laps de temps. Un pareil labeur prendrait des développements au-dessus des forces que nous laisse encore notre âge avancé. Du

---

(1) Je suis heureux de me trouver dans cette idée, d'accord avec une de mes bonnes et vieilles connaissances, M. Adolphe Caillé, ancien chef de bureau au ministère de la guerre, très compétent dans cette affaire, et membre de la Société littéraire, artistique et archéologique de la Vendée.

Après tant d'années où l'on s'est rencontré dans ses buréaux, à Paris, alors que j'allais recueillir des notes, au susdit ministère, avec l'autorisation de qui de droit, on se redonne avec le plus grand plaisir une poignée de main, à l'entrée de la caserne d'infanterie de chez soi.

(Voir 6e année, 1re livraison de cette publication, Fontenay-le-Comte, Gouraud, imprimeur 1887).

reste, nos nombreux manuscrits sont là, toujours au service de l'armée, dont les officiers peuvent venir y puiser tout à l'aise ; ce qui a déjà eu lieu, relativement au 137e, en garnison dans nos murs, par suite de l'ordre ministériel transmis, vers le commencement de cette année 1887, à tous les chefs de corps, pour recueillir les documents militaires qu'ils pourraient avoir sous la main, et relativement aussi à plusieurs autres qui sont venus de leur résidence, y prendre des notes ou qui me les ont demandées par écrit. Ces manuscrits sont remplis de choses inédites et prises par moi-même sur le fait.

Cependant, dans l'intérêt de l'exactitude et de la vérité, qu'il nous soit permis de nous demander comment il se fait qu'on a donné à notre caserne d'infanterie le nom de Du Chaffaut. Malgré les grandes qualités de cet amiral, son nom est étranger à Fontenay.

On aurait pu l'appeler avec plus d'à-propos Bonnamy de Belle-Fontaine. Ce général est né dans nos murs, et son illustration est assez grande pour couvrir, aussi lui, des reflets de sa gloire, tous les régiments de cette arme qui sont passés chez nous et les détachements qui y sont restés en garnison.

Puis, son titre de Belle-Fontaine est en parfaite harmonie avec les armes de Fontenay et sa fontaine, source de ses grands hommes. On ne saurait trop multiplier les bonnes sources pour l'alimentation de l'humanité. Du reste, le général Bonnamy portait aussi bien la plume que l'épée.

Comme homme de lettres et historien, voici ses états de service : « *Coup d'œil rapide sur les opérations de la campagne de Naples, jusqu'à l'entrée des troupes dans cette ville*, et des *Mémoires sur la Révolution de Naples*. »

Les voilà comme soldat :

BONNAMY

(Charles-Auguste-Jean-Baptiste-Louis-Joseph),

Général français, né à Fontenay-le-Comte, en 1764, mort en 1830, à la Flocellière (Vendée) ; s'enrôla en 1791, fit la guerre en Champagne et en Belgique, sous Dumouriez ; dans la Vendée, sous Marceau. Chef d'état-major de Kléber, il se distingua au siège de Mayence, en 1795, suivit Championnet à Rome et à Naples, en 1798, et fut impliqué dans sa disgrâce.

Il reparut glorieusement à Marengo.

Mais son plus beau titre de gloire est, sans contredit, à la grande armée, la prise de la *redoute de Borodino,* construite par les Russes et forte comme il en fût jamais.

Ici, nous avons une fois de plus la chronique contemporaine, qui est *la vérité vraie* et nous tenons ce fait de celui qui en a été le héros, après le général Bonnamy, M. le baron de Rascas, qui, chef de bataillon seulement, commandait ce jour-là le 30ᵉ de ligne (le major et le colonel ayant été tués ou blessés).

C'est ce commandant qui, devenu colonel du 15ᵉ de ligne, avait épousé, en 1819, Mˡˡᵉ Antoinette de Chabot du Parc-Soubise, commune de Mouchamps (Vendée).

C'est dans les bonnes soirées du château qu'il nous a fait cette touchante déclaration :

Lorsque le général Bonnamy eût commandé : Brigade, au pas de course, en avant, marche ! et au moment où le 30ᵉ de ligne se mettait en mouvement, une batterie, masquée sur la gauche, prit le régiment d'écharpe et renversa tous les tambours qui étaient en arrière. Mais rien n'arrête l'élan du 30ᵉ, qui, bien que foudroyé sur toute la ligne, escalade seul la position et s'empare de la redoute au cri de *Vive l'Empereur!* Le commandant de Rascas a son schako emporté par un boulet ; l'Empereur accourt au galop de son cheval et dit : Hein ! s'il avait été plus haut de taille ! Cet officier supérieur avait, en effet, une taille au-dessous de la moyenne.

Malgré des efforts inouis de bravoure, il fut impossible au 30ᵉ de se maintenir dans la redoute qu'il fut obligé d'évacuer ; semblable à ces intrépides capitaines de vaisseaux, qui laissent les derniers le navire, après avoir mis en sûreté leur personnel, le général Bonnamy, resté avec quelques compagnies, tomba percé de plusieurs coups de bayonnette, fut fait prisonnier de guerre et demeura pendant 22 mois au pouvoir de l'ennemi.

Il ne revint en France qu'en 1814, et la Restauration ne l'employa pas.

> *(Dictionnaire général de biographie et d'histoire,*
> par Désobry et Bachelet, 1857) (1).

---

(1) M. de Rascas, devenu plus tard colonel du 15ᵉ de ligne, conduisit ce régiment en Espagne, pour l'expédition de 1823, et le ramena de

Que de points de ressemblance, en toutes choses, entre les généraux Belliard et Bonnamy ! Comme ils auraient été bien, l'un auprès de l'autre, sur le fronton de nos casernes !

J'ai parlé précédemment du contre-amiral Alquier, nommé récemment à ce grade et en activité de service, mais ce contre-amiral est parent du général Bonnamy, par son aïeule ; en voici la preuve :

En 1788, a eu lieu le mariage de M. Charles-Louis Daudeteau, conseiller du roi en la sénéchaussée de Fontenay, avec Mlle Thérèze-Louise-Charlotte Bonnamy de Belle-Fontaine, fille majeure de M. Charles-Auguste-Jean-Louis Bonnamy de Belle-Fontaine, maître

---

Cadix, à Nantes, par Fontenay-le-Comte, en 1828, sans laisser un seul homme en arrière. Le chemin de fer alourdit le godillot, la marche lui donne du nerf et la légèreté de la biche. Je dis *de la biche ;* le régiment, en effet, en ramenait une de Cadix, bien franche, bien élevée. Cette pauvre bête fit tout le trajet, à la suite de la musique, en tête de colonne et en toute liberté. Arrivée à l'étape, elle suivait à l'écurie les chevaux des officiers et y restait jusqu'au son de la diane, le lendemain. Quand elle entendait le rappel, elle courait à sa place... et en route ! Le 15e de ligne la regardait comme l'enfant chérie *de la maison* et la traitait comme telle. Elle aimait tout le régiment, la charmante bête, et tout le régiment l'aimait. Je puis ajouter que je l'ai vue de mes propres yeux. Soit dit en passant, pour la variété du récit, car *la variété dans le récit* est l'attrait du lecteur.

Le 1er et le 2e bataillons de ce même 15e de ligne, forts de 90 officiers et de 1,600 sous-officiers et soldats, traversèrent de nouveau Fontenay, le 29 et le 30 mars 1830, à destination de l'armée d'Afrique, pour la campagne d'Alger ; le 3e bataillon et le dépôt, à l'effectif de 26 officiers et 500 sous-officiers et soldats suivirent, le 19 avril, allant à Montélimart (Drôme).

particulier des eaux et forêts, et de défunte dame
Marie-Anne Alquier, demeurant audit Fontenay.

Le sang militaire et marin est aussi de tradition dans
ces familles, et nous devons enregistrer avec honneur,
pour n'être pas incomplet, que pendant nos désastres
de 1871, M. Daudeteau fils avait formé, à Fontenay
même, un détachement de volontaires, avec l'uniforme
et l'équipement de chasseurs à pied et qu'il les a conduits
à l'ennemi, lui capitaine, M. Joffrion, lieutenant, et
M. son père sans grade ; M. Ménardeau, clairon, et une
soixantaine d'hommes.

Dans ces familles-là, comme dans bien d'autres, les
jeunes sont à l'unisson des vieux, et tout cela augmente
encore la gloire de Fontenay-le-Comte.

Aussi bien, nous arrive ici, dans sa place juste et
légitime, une autre illustration, que je dois d'autant
moins omettre que son reflet brille encore aujourd'hui
parmi nous, dans la haute magistrature, où siège l'un de
ses descendants les plus distingués. C'est le mariage
de M. Jean-François-Marie Parenteau du Beugnon,
conseiller du roi, au siège royal et sénéchaussée de
Fontenay, rapporteur du point d'honneur au baillage
de la Châtaigneraie, célébré le 25 novembre 1789, avec
D^{lle} Marie-Adélaïde Bonnamy de Belle-Fontaine, native
de Fontenay même, fille de M. Charles-Auguste-Jean-
Louis Bonnamy de Belle-Fontaine, conseiller du roi,
maître particulier des eaux et forêts, et de dame Marie-
Anne Alquier.

(Extrait des actes de l'état civil).

Et voilà que, pendant que je faisais de nouvelles recherches pour m'édifier sur les faits, et que je voguais à pleines voiles dans le Panthéon maritime de la Légion d'honneur, ma plume et ma nacelle s'arrêtent devant la mairie de Fontenay ; je retrouvais un nom écrit sur sa façade, dont du reste j'avais connaissance depuis plusieurs années ; je retrouvais, en même temps, la légende qui suit et que je copie textuellement, comme ravivant d'excellents souvenirs :

« De Grimoüard, Nicolas-Henri-René (comte), l'un des plus glorieux marins du xviiie siècle, naquit le 25 janvier 1743, à Fontenay-le-Comte (Vendée), dans la maison qui sert aujourd'hui d'Hôtel de ville et sur la porte de laquelle a été conservé ce nom de Grimoüard, l'une des illustrations de la cité. »

A 15 ans, garde-marine à Rochefort....... 1757
Enseigne de vaisseau.................... 1770
Lieutenant aux canonniers matelots....... 1771
Chef de brigade de marine............... 1779
Chevalier de Saint-Louis 1779
Contre-amiral........................ 1792
Vice-amiral.......................... 1793
Nommé commandant en chef de la flotte de Brest, par Monge, le célèbre mathématicien et l'un des fondateurs de l'Ecole polytechnique.. 1793
Retiré etc., etc.

A servi sur *l'Inflexible*, *le Formidable*, *le Thésée*, *le Superbe*, *le Solitaire*, *l'Hippopotame*, *la Terpsichore*,

a *Belle-Poule, la Charmante ;* a commandé *la Minerve,*
'778 ; *l'Actif, le Magnifique, le Scipion, le Borée.*

Le comte de Grimoüard, au château des Places, près
Faymoreau, et ses deux fils Jacques et Henri sont ses
représentants, en Vendée.

(Tiré des *Fastes de la Légion d'honneur,* imprimeurs-
réunis, 2, rue Mignon, 1887, à Paris, 1886-87).

L'un ou l'autre de ces noms, mieux encore, les deux
réunis, donnés à la caserne d'infanterie, eussent considérablement grandi son côté moral et décuplé ses forces
vives, en raison directe de l'opportunité.

Et, maintenant que la plume échappe de mes doigts
fatigués, et que mes forces vives semblent diminuer,
voilà ce que je lègue à ceux qui entreront dans la lice,
après moi, la biographie de ces deux grands hommes,
nos compatriotes, le général Bonnamy de Belle-Fontaine
et le vice-amiral de Grimoüard ; les plumes bien taillées
ne manquent ni à Fontenay ni à l'armée, et Augustin
Thierry, dans la 1re lettre sur l'*Histoire de France,*
a proclamé une grande vérité, en disant ces mots
remarquables : « La vraie histoire nationale est encore
ensevelie dans la poussière des chroniques contempo-
raines. »

Je n'ai pas prétendu présenter à mes lecteurs, dans
cet ouvrage, d'autre chose que des *Chroniques contem-
poraines,* mais sincères et pleines d'exactitude, comme
le disait dans la préface, mon savant ami, M. Désiré
Lacroix, rédacteur au *Moniteur de l'Armée.*

A mes successeurs à présent d'en tirer la vraie histoire

nationale. Avec une pareille base, l'histoire sera toujours ce qu'elle doit être : le récit véritable et authentique des faits passés.

J'ai parlé seulement du général Bonnamy et de l'amiral de Grimoüard, mais l'arène est beaucoup plus vaste. La biographie des hommes illustres de Fontenay n'a pas été faite, du moins en grand. Cette collection, qui serait si belle, si intéressante, n'existe pas, et comme ceux de nos concitoyens qui ont mérité ce nom sont partagés généralement entre la robe et l'épée (1), ne serait-il pas fort à-propos de consigner dans de longues pages et de forts volumes, la vaste science des

> Jean Besly,
> Barnabé et Pierre Brisson,
> Mathurin-Jacques Brisson,
> Pierre Brissot,
> Julien Collardeau,
> Jean Imbert,
> Jehan Rabateau,
> Nicolas Rapin,
> André de Rivaudeau,
> André Tiraqueau,
> François Viète, etc., etc.,

à côté de Du Guesclin, le grand connétable, qui, après

---

(1) Il y en avait, cependant, qui savaient aussi bien porter l'une que l'autre ; ainsi, Nicolas Rapin était aussi bon guerrier que bon écrivain ; c'est lui qui, maire de la ville, défendit vaillamment le château attaqué, en 1570, par François Lanouë Bras-de-Fer. Avant de faire bâtir le château de Terre-Neuve, il habitait, tout près de Jean Morison, son

avoir enlevé la ville aux Anglais, le 10 octobre 1352, fut seigneur de Fontenay du 13 mai 1373 au 1er décembre 1377 ; — à côté du maréchal de Catinat, né en 1637, parent d'André Tiraqueau, par sa mère, et possédant, du chef de celle-ci, partie de la seigneurie de Chaix, quelques métairies aux alentours de Fontenay et entre autres, la Pommeraie, près le cimetière de Saint-Jean ; — à côté de La Rochefoucaud, gouverneur de la province, père de François, l'auteur des *Maximes,* qui occupait l'hôtel qui servait d'habitation à ces hauts fonctionnaires, possédé aujourd'hui par M. Boumier, négociant ; — A côté enfin des généraux Belliard, Bonnamy de Belle-Fontaine, vice-amiral de Grimoüard, contre-amiral Libaudière, contre-amiral Alquier, général Savin-Larclause, général Brunetière, lieutenant-colonel Chataigner, etc., sans préjudice de ceux de nos compatriotes qui nous arriveront plus tard, avec les trois étoiles, en triangle, sur leur trèfle à six feuilles.

Pline l'Ancien a dit, dans une de ces belles pages, qui découlaient si naturellement sous ses doigts :

> *Res ardua, vetustis novitatem dare !*
> Il est difficile de rajeunir le passé !

C'est vrai au fond, mais nos savants des siècles passés

---

architecte, la place du Marché-aux-Porches, aujourd'hui place Belliard. Son nom est *un heureux ajouté* aux noms que j'ai cités, en son lieu, comme entourage et voisinage de cette dite place Belliard.

Dans ces temps reculés, l'un des Brisson avait commandé 200 lances, etc.

Mathurin-Jacques Brisson est le physicien célèbre, continuateur de Réaumur.

n'ont pas vieilli, la science ne vieillit pas ; leurs écrits sont toujours vivants sous nos yeux, dans la science moderne, dont ils ont été la source *fons et scaturigo.* La jurisprudence ne meurt pas pour nos jurisconsultes, comme l'épée ne rouille pas dans les mains de nos soldats.

Mais, avant de quitter la plume, je demande la permission, celle-ci à son tour, bien naturelle et bien légitime, d'en envoyer le dernier trait, partant du cœur, à ceux de mes parents et de mon nom, qui ont si vaillamment défendu la ville de Bitche, pendant la guerre de 1870-71, et qui y sont restés à demeure, comme pour affirmer à jamais leur triomphe.

Car Bitche est demeurée imprenable, pendant toute la funeste invasion.

Et le colonel Trébonte qui, ces dernières années, commandait, avec une haute distinction, le 6ᵉ hussards, à Pontivy et à Bordeaux, natif de Bitche même, et dont la maison était contiguë à celle de *mes parents,* a dit à l'un d'eux, dans une visite qu'il lui faisait sur place : « Si nous redevenons jamais Français, je vous ferai décorer ; parce que c'est vous qui êtes la principale cause que Bitche ne se soit pas rendue. » (1)

Je ne pourrais déposer ma plume dans de meilleurs souvenirs et de plus beaux faits.

---

(1) Voir le *Siège de Bitche*, page 56, par Dalsème, 4ᵉ édition, Paris, Dentu, libraire, 1878 ; ouvrage adopté par le Ministre de l'instruction publique pour les bibliothèques scolaires.

Cependant et pour tout dire, il manquerait quelque chose au bonheur de ma dernière heure, si je n'en réservais un fort pennon, pour le placer sur la tombe de celui auquel je dois, après quarante ans de services rendus à l'armée, la plus haute distinction de ce monde, la croix d'honneur, au digne général comte Carrelet, décédé si chrétiennement le 18 octobre 1886, et auquel j'adressais, en rapprochant sa mort du massacre de Sidi-Brahim et des malheurs du 2ᵉ hussards, son régiment, prisonnier de guerre en 1871, à Gross-Glogau (Silésie), les adieux suivants :

A la suite de 32 vers dépeignant les misères des vivants et les souffrances de ceux qui avaient succombé, j'ajoutais :

> Et vous,
> Permettez, général, à mon âme atterrée,
> A leur deuil de quinze ans, d'unir le deuil d'hier :
> Le vôtre... ô souvenirs abîmant ma pensée !
> Mais combien j'en demeure fier !

Et ici, s'il m'était permis de prendre en main la plume d'une haute autorité militaire, je répéterais relativement à l'ancien colonel des Chamborant, ce que le colonel Donop vient de dire aux obsèques du lieutenant d'Aramon, du 4ᵉ chasseurs à cheval, mort dans ses rangs : « Cher général Carrelet, vous, qui depuis hier, êtes admis dans la gloire et la lumière éternelles, Dieu vous a absous, Dieu vous a sauvé. Le 2ᵉ hussards a là-haut un ami de plus, qui pense à lui, l'aime et le défend. Ah !

cher général, aimez-le, car aussi longtemps que le 2ᵉ hussards poursuivra sa belle carrière, il gardera votre souvenir, et jamais, jamais, il ne fera rougir votre mémoire bien-aimée. »

Le jour même où j'écrivais ces nobles lignes, descendant du sommet de la hiérarchie de l'armée, c'était le 3 octobre 1887, je déjeûnais avec un capitaine du 1ᵉʳ hussards, y récemment nommé et naguère sortant d'Afrique. Cordial et fraternel déjeûner qui me rappelait cette hospitalité de huit jours que m'avait donnée, à Melun, alors que le régiment se trouvait dans la division indépendante de cavalerie stationnée sur le 5ᵉ corps, dont j'étais l'aumônier, le digne colonel d'Agoult et son corps d'officiers ; le tout conservé à sa page et n° dans mes archives, et mieux encore à sa page et n° dans mon cœur.

Ce capitaine, dis-je, me parlait d'une visite faite par lui, sur le champ de bataille de Sidi-Brahim et de quelques petits lambeaux d'uniforme brun-marron, qui s'y trouvaient encore, jonchés sur le sol, à 42 ans d'intervalle.

Le vent du désert qui souffle si violemment n'avait pu les emporter au loin, ni les ardeurs de la canicule en altérer la couleur, ils étaient toujours là, comme témoins vivants de l'héroïsme de ceux auxquels ils avaient servi d'uniforme, ces sublimes lambeaux !

Rien d'étonnant, m'écriai-je, mon capitaine, le bleu-ciel des Bercheny, le brun-marron des Chamborant, le gris-argentin des Estherhazy, etc., etc., les vieux uniformes de nos hussards, sont des lambeaux d'immortalité, sans préjudice, bien entendu, des autres tenues de nos soldats.

Et encore une fois, voilà comme l'uniforme et les souvenirs font grandir le cœur et augmentent le feu sacré du métier.

PIÈCES JUSTIFICATIVES

Probatio justificat rem.
La preuve justifie la chose.
QUINTILIEN.

A

LES COMPAGNONS D'ARMES DES VOLONTAIRES DE FONTENAY, AU SIÈGE D'ORLÉANS

Cette bonne fortune de les connaître, au moins en partie, nous la devons à un simple ouvrier d'Orléans, ancien élève des frères des Écoles chrétiennes, qui, à force de travail et de persévérance, a réuni, dans une seule feuille coloriée, aussi parfaitement assortie que parfaitement exacte, les noms et les armoiries de 320 des principaux chevaliers qui ont fait cette glorieuse campagne. Le tableau est d'un grand effet et j'ai connu tel officier général qui en a pris jusqu'à 20 exemplaires comme souvenir de sa nombreuse famille ; il est ordonnancé comme suit : *Le titre est « Armorial du siège d'Orléans, en 1429. »*

Les armes de cette ville, ayant à droite la bannière des Bourbons, avec ses trois fleurs de lys, et à gauche le drapeau de Jeanne d'Arc, avec l'inscription de *Jésus-Marie,* forment l'en-tête, encadrées dans des trophées d'armes du temps, hallebardes, lances, haches, etc., enlacés de feuilles de laurier.

Suivent les noms et les écussons des 320 chevaliers, par 20 de front ; celui de Jeanne d'Arc et de sa famille, aux quatre coins, répétés deux fois ; puis, la dédicace en ces termes et forme :

A

Jeanne d'Arc

et aux

Chevaliers, écuyers et hommes d'armes

des pays

d'Italie, d'Espagne, d'Écosse et de France

qui vinrent au secours d'Orléans,

en 1429,

Souvenir de reconnaissance.

Le tout est entouré de guirlandes portant d'un côté, les armes d'Aragon, d'Écosse, d'Italie, de Castille, de Léon et d'Alby ; de l'autre, celles de Bourges, Châteaudun, Clermont, Montpellier, Moulins et Poitiers, dans la juridiction de laquelle se trouvait de droit Fontenay (1).

Celles d'Angers, Blois, Tours, la Rochelle, formant

______

(1) Ainsi, n'était pas oubliée cette vieille terre du Poitou, où Jeanne d'Arc avait laissé l'empreinte de son pied chevaleresque, en venant, avons-nous dit, y trouver le roi Charles VII.

Oraison funèbre de l'amiral Courbet, par M. l'abbé Frémont, ancien aumônier de l'École normale de la Seine ; — Prêchée par lui en 1886, à Poitiers même.

la ligne droite au bas du tableau. On voit, à la louange de l'Italie, de l'Espagne et de l'Écosse, qu'il n'y avait pas que le pays de France qui eût envoyé ses nobles contingents. Honneur à ces dignes alliés du temps.

Enfin, on lit en dernier lieu :

Aux très honorés membres de l'Académie héraldique italienne : Respectueux hommage de
Félix GUILLON, membre correspondant.

C'est le nom de cet honorable ouvrier, aussi modeste que savant.

Je dis *modeste,* car semblant ignorer son mérite que tout le monde connaissait, il voulait refuser la palme d'officier d'Académie, pour laquelle il était légitimement porté.

Il vint un jour, alors que j'étais aumônier titulaire de la garnison, me témoigner son embarras et me demander conseil. Hésiter, lui dis-je, pour un honneur que vous méritez à tant de titres ! Non, acceptez immédiatement ! Elle est belle, deux fois belle, cette distinction scientifique sur le cœur d'un honnête ouvrier. Quelque temps après, la palme brillait à sa boutonnière.

Ce n'est pas tout, le major Robichon, originaire d'Orléans, décédé à Moulins, avait fondé deux prix à distribuer annuellement par le Conseil général du Loiret, « en faveur des personnes qui se seront le plus distinguées par leur bravoure, leur dévouement, leurs sciences, arts et découvertes dans le département. »

Par décision, en date du 11 avril 1878, le Conseil

général a attribué l'un des deux prix de l'année 1877,
à M. Félix Guillon, ancien élève des frères d'Orléans,
ancien employé de la ville, auteur de divers travaux
littéraires et d'un armorial du siège de cette ville.

(*Annuaire du Loiret,* 1879).

Voici la science et la modestie couronnées deux fois.
Ces deux vertus forment un caducée, autour duquel elles
s'enlacent très bien.

Nous ajouterons aux rapports personnels qui unissent
l'ancienne capitale du Bas-Poitou à la capitale du Loiret,
les noms de deux autres de nos compatriotes, M. l'abbé
Garnereau (François-Gabriel), né à Fontenay-le-Comte,
le 11 septembre 1765, ancien principal, de 1802 à 1811,
du Collège communal, auquel il a laissé son portrait et
sa riche bibliothèque ; nommé, à cette dernière date,
inspecteur des Académies de Poitiers et d'Orléans.
Littérateur consciencieux et érudit, dont les œuvres
consistent en deux volumes in-8°, intitulés : *Opuscules
littéraires en prose et en vers* et *Voyages en quelques
parties de l'Europe,* Robin, Niort, 1815. Mort dans sa
solitude du roc Saint-Luc, près de notre ville, le 3 juin
1847, enterré au cimetière de Notre-Dame de Fontenay.

Et M. Alfred Giraud, littérateur et savant jurisconsulte, officier d'Académie, ancien député de la Vendée,
conseiller à la Cour d'appel d'Orléans en 1878, etc., etc.

Tous deux sont classés, à juste titre, parmi nos
nombreux savants.

Et si l'humble auteur de cette notice ose placer ici son

faible jalon, comme parti aussi lui, volontairement, de Fontenay sa ville natale, sur la demande de Mgr Dupanloup, pour remplir les fonctions d'aumônier titulaire de la garnison d'Orléans, ce n'est que pour déposer aux pieds de Jeanne d'Arc les trois volumes in-4° de 500 pages l'un, qui forment le journal de marche de son ministère près le 5e corps d'armée, jour par jour, avec les pièces officielles y annexées. Ces longues pages spéciales à sa position d'alors, font partie de sa collection dont il a été parlé.

Ces volumes sont à la disposition des savants d'Orléans, comme à celle des officiers de l'armée ; c'est la chronique locale prise sur les lieux et sur le fait, par conséquent incontestable comme vérité. Ils sauront 'où les trouver tant que Dieu me prêtera vie, et aussi après, j'espère.

Et pour leur donner le cachet d'origine et l'autorité d'un grand nom, qu'on me permette de citer ici les encouragements que j'ai reçus sur place, par la précieuse lettre de M. l'abbé Bougaud, vicaire-général, qui était mon guide spécial dans mes labeurs d'aumônier :

ÉVÊCHÉ   « Orléans, le 14 février 1879.
D'ORLÉANS

—

» Monsieur l'aumônier,

» J'ai lu avec le plus grand intérêt les quelques pages que vous avez bien voulu me confier sur votre ministère dans l'armée, pendant le cours de l'année 1878. Tout cela est plein de détails très précieux et qui montrent

tout le bien que vous faites au milieu des soldats.
Je vous engage à continuer ce travail et à examiner,
de près, les améliorations qui pourraient être apportées
dans un service si important et dont l'expérience de
chaque jour vous montrera, de plus en plus, l'utilité.

» Veuillez agréer, Monsieur l'aumônier, l'assurance
de mon respectueux dévouement.

» BOUGAUD,
» Vicaire-général. »

M. l'abbé Emile Bougaud, dont nous parlons, a été
nommé évêque de Laval, le 8 novembre 1887, et le 30
du même mois j'avais l'honneur de recevoir une nouvelle preuve de son intérêt, dans les paroles suivantes :
Que Dieu bénisse vos travaux si consciencieux et si utiles.
Je ne puis que m'humilier devant de pareilles expres-
sions, en demandant à Dieu leur complète réalisation.

B

BAPTÊME D'AUGUSTIN-DANIEL BELLIARD

« Le vingt-cinq de mai mil sept cent soixante-neuf,
par moi, prêtre soussigné, du consentement de M. le
doyen Voyneau du Plessis, a été baptizé dans l'église
de Notre-Dame, Augustin-Daniel, né du jour; fils de
M. Augustin Belliard, procureur ès-cours royales de

cette ville, de Fontenay-le-Comte, et de Marie-Angélique Robert, légitimement conjoints.

» Le parrain a été Pierre-Daniel Robert, et la marraine Marie-Rose Robert, qui se sont, avec moi, soussignés.

» Ont signé au registre : Marie-Rose Robert Bouteville, Pierre-Daniel Robert, Stéphanie Robert, Césaire Robert, Pierre-Daniel Robert, F. Phelipeau, Belliard, R. Roulin et Claveau, prêtre, vicaire de Saint-Nicolas (1). »

La famille Claveau occupait une haute position dans notre ville, à cette époque. Elle était représentée par M. Grégoire-François-Marie Claveau, conseiller du roi, receveur-contrôleur des consignations, notaire royal de Fontenay et sénéchaussée, receveur-syndic de la mairie, époux de dame Marthe-Marguerite-Radégonde Gendronneau, son frère, et par son neveu désigné ci-après. C'est au titre d'ami tout au moins, de parent peut-être, que M. l'abbé Claveau avait été appelé à baptiser le futur général. J'ai beaucoup connu ce digne ecclésiastique alors qu'il était aumônier de l'hôpital, en 1819-1820. Il me semble encore le voir, de taille moyenne, le visage blême, le corps exténué par les

---

(1) Fontenay-le-Comte, capitale du Bas-Poitou, avait alors trois paroisses et trois églises : Notre-Dame, Saint-Jean et Saint-Nicolas ; celle-ci située au lieu où se trouve la salle d'asile de Saint-Jean, avait une flèche dans les mêmes proportions que celle *de ladite église de Saint-Jean*.

L'église et la flèche de Saint-Nicolas sont tombés de vétusté, à la fin du siècle dernier.

misères de la vie, l'exil en Espagne, comme confesseur de la foi, et les fatigues de tout genre incombant au ministère ecclésiastique ; d'une tenue correcte, propre, et portant comme autrefois des boucles d'argent sur ses souliers.

Son acte de décès porte, M. Mathias Cougnaud étant alors maire de Fontenay :

« Décès, sous la date du 21 mai 1820, de M. Augustin-Jean Claveau, prêtre et aumônier de l'hospice civil, âgé de 79 ans, né en cette ville, fils de feu M. Barthélemy Claveau, notaire, et de feue dame Marie Martineau, décédé au domicile de M. Hilaire-François Claveau, son neveu, rue du Bédouard » (attenant à celui de feu M. Favreau, contrôleur de l'octroi, de si bonne mémoire, à droite, en montant).

M. Claveau, parent plus ou moins près de toutes les familles Martineau, si nombreuses dans notre localité, avait baptisé entre autres, M. Martineau, gendre du susdit M. Favreau, lequel avait servi très honorablement, comme sergent-major d'infanterie, sous le Ier Empire.

(Récits de famille recueillis de sa bouche).

Voilà l'heureux bilan de la naissance du général Belliard.

Voici le funèbre bilan de sa mort :

« Paris, 30 janvier 1832.

» Le général Belliard vient de mourir d'une attaque d'apoplexie foudroyante, dont il a été frappé dans sa voiture, près du parc de Bruxelles. Vainement les secours des médecins lui ont été prodigués pendant une demi-heure, qu'on a conservé l'espoir de le sauver. On nous écrit de Bruxelles que toute cette ville était en émoi ; les voitures ne cessaient de se diriger vers son hôtel. Le roi lui-même s'est empressé de lui faire visite, et tout ce qu'il y a de notable dans cette ville a suivi son exemple.

» Notre correspondant ajoute que le général Belliard sera fort regretté par les Belges. « Car, il faut le reconnaître, dit-il, dans les événements du mois d'août, c'est à son activité que Bruxelles a dû de ne pas tomber au pouvoir des Hollandais. Il avait appris, à l'école de Bonaparte, à se multiplier en quelque sorte et à être partout où sa présence était nécessaire. Le quartier-général hollandais, celui du maréchal Gérard, celui du roi Léopold, voilà les points entre lesquels, pendant trois fois vingt-quatre heures, il ne cessa d'aller et de venir et cette activité produisit son effet. Le ciel lui devait de voir terminer les affaires de Belgique. »

» Cette nouvelle, apportée la nuit dernière à Paris, par un courrier extraordinaire, a circulé rapidement, et des hommes de tous rangs, des militaires de tous grades affluaient à l'hôtel du général. Ils le regrettent au nom de la nation qu'il défendit, au nom de l'armée dont il était une des plus hautes illustrations.

» Le général Belliard a fait toutes les campagnes de la Révolution et de l'Empire ; il a gouverné trois capitales, le Caire, Bruxelles, Madrid : esprit ferme et juste, partout il a su faire respecter et chérir le nom Français. C'était d'après le vœu des habitants de Bruxelles, que le roi avait nommé le général Belliard son ambassadeur en Belgique.

» M. A. Sol, secrétaire de la légation, est parti ce soir pour Bruxelles avec des instructions. »

On lit dans une lettre de cette ville, du 31 janvier :

« Les obsèques du général Belliard ont eu lieu aujourd'hui. Il est difficile de se faire une idée de l'empressement que les gens de toutes les classes ont mis à lui rendre les derniers devoirs.

» A onze heures, le corps est sorti de l'hôtel de l'ambassade, précédé d'un bataillon du 4e de ligne, d'un détachement du 1er ban de la garde civique et d'un nombreux état-major. Le cortège s'est dirigé, avec la foule, vers l'église Saint-Jacques, sur Caudenberg, où un magnifique catafalque avait été élevé. Les sièges du chœur et de la nef ont été envahis bientôt par tout ce que Bruxelles compte de personnes notables. Sénateurs, députés, magistrats, militaires de tous grades, tous s'étaient fait un honneur et un devoir d'assister à cette triste cérémonie. Les coins du poële étaient portés par sir Robert Adair, ambassadeur d'Angleterre, par M. de Mensenaëre, ministre des affaires étrangères, par le général Evain et par M. Charles de Brouchère, ministre de la guerre.

» Tous les Français présents à Bruxelles assistaient au service, portant la cocarde tricolore au chapeau et le crêpe au bras. Au moment de l'offrande, on a remarqué, entre ceux qui sont allés embrasser le Christ, un major polonais en grand costume, à la tête de plusieurs de ses compatriotes. C'étaient des braves qui honoraient la mémoire d'un brave.

» Après le service, le cortège s'est mis en marche. Un bataillon du 4ᵉ régiment précédait le corbillard, que suivait une longue file de voitures, entre lesquelles on en remarquait deux à six chevaux, où étaient les aides de camp du roi Léopold. On s'est dirigé vers le cimetière de Lacken, où la dépouille du général a été déposée. M. le ministre des affaires étrangères a prononcé un discours sur sa tombe, et des décharges d'artillerie ont terminé, comme elles avaient commencé, cette triste cérémonie. »

On lit dans l'*Indépendant de Bruxelles,* du 31 :

« Le corps du général Belliard a été, pendant toute la journée d'hier, exposé sur un lit de parade. Il était revêtu de tous ses insignes et décorations militaires. On pouvait contempler encore cette physionomie qui avait conservé l'empreinte de son dernier sourire. Pendant toute la journée, une foule nombreuse s'est portée à son hôtel. Les traits du général ont été pris par un sculpteur et un dessinateur. »

« Paris, 15 mars.

» Les dépouilles mortelles du général Belliard viennent de quitter la Belgique. M. Sol, secrétaire d'ambassade, et M. Langlé accompagnaient le corps, dans une voiture de suite.

» Il a fallu, pour que la translation put avoir lieu sans inconvénient, extraire le corps du cercueil et le placer dans un autre de plomb. En moins d'une heure, l'opération a été faite sous la direction de M. Langlé, directeur en chef des pompes funèbres de Paris, que M. le maréchal Soult avait envoyé, à cet effet, à Bruxelles. Les mains du général étaient en parfait état de conservation et le corps était de même, en si parfait état, qu'on a renoncé au projet qu'on avait de détacher le fond de l'ancien cercueil, pour laisser tomber le cadavre dans le nouveau. Les ouvriers ont fait, de leurs mains, le déplacement d'un cercueil à l'autre. On a alors répandu une dissolution d'eau de chlorure et le cercueil a été rempli de son ; il a été foulé avec grand soin.

» Le cercueil est arrivé à Valenciennes, à dix heures du matin. D'après les ordres du ministre de la guerre, maréchal Soult, les honneurs militaires lui ont été rendus avec la plus grande pompe. »

Et voilà que, par une de ces coïncidences, qui sont toujours un à-propos de circonstances, même quand elles sont l'apparat d'un grand deuil, c'est le 3e dragons, colonel de Brémond d'Ars, qui en a les premiers fleurons, le même dont les ancêtres avaient fait la campagne d'Egypte avec Belliard, le même qui était à ses côtés, à la bataille des Pyramides et à Héliopolis ; les voilà, ces chers enfants, qui font escorte à leur grand-père, escorte partagée par le 2e hussards-Chamborant, colonel de Chabannes, dont il avait vu les anciens à Jemmapes et à Valmy. Le 12e de ligne, colonel Boarini, était massé en colonne et formait la haie avec la garde nationale ;

3,000 hommes environ, presque une petite armée, mais l'on n'est jamais trop pour accompagner les cendres des héros.

« Le lieutenant du roi, commandant la place avec un nombreux état-major composé d'officiers généraux et autres, est venu recevoir, à l'entrée de la ville, le corps qui avait été placé sur un magnifique corbillard, traîné par quatre chevaux blancs ; un grand nombre de maisons avaient été pavoisées de drapeaux aux couleurs nationales, et toute la population se pressait dans les rues.

» Le cercueil du général n'était décoré d'aucun insigne ; nulle inscription ne le recommandait à l'admiration de la foule, et pourtant son nom était dans toutes les bouches et ce nom était répété avec recueillement et sympathie. On se souvenait qu'il avait été un de nos généraux les plus illustres et les plus dévoués à leur pays. On se racontait surtout, avec émotion, les services signalés qu'il a rendus à la Belgique et son rare désintéressement dans toutes les actions de sa vie ; car le général Belliard ne laisse pas de fortune après lui ; il ne lègue à sa famille d'autre héritage, que celui de sa mémoire, mais cet héritage sera aussi recueilli en France.

» A Cambrai, où le corps arriva le même jour, à trois heures, de semblables honneurs lui ont été rendus par la garde nationale et la garnison. A la sortie de la ville, la cérémonie a été des plus touchantes ; le général Saint-Cyr-Nugues, et tout l'état-major de l'armée du

Nord, ont fait alors leurs adieux au char funèbre qui s'éloignait.

» Le 1ᵉʳ régiment de lanciers a continué l'escorte jusqu'à une demi-lieue de la ville ; là il s'est rangé en bataille sur le bord de la route, dans une attitude morne et silencieuse, et a vu passer devant lui les restes de l'illustre général, auxquels le colonel Bro a offert une dernière fois les mêmes hommages (1).

» Le convoi s'est ensuite dirigé sur Péronne, où il est arrivé trop tard pour que des devoirs analogues aient pu lui être décernés. C'est hier, mercredi, à trois heures de l'après-midi, que le corps du général Belliard est entré à Paris et a été déposé sans cérémonial, à l'église de l'Assomption, d'où il sera transporté samedi au cimetière du Père-Lachaise.

» Un service solennel aura lieu ce jour-là, à neuf heures du matin, dans l'église de l'Assomption. »

----

(1) Etait-ce le colonel Bro qui, à la tête du 4ᵉ lanciers, se distingua, en repoussant, à Waterloo, les gardes anglaises et en reprenant un de nos drapeaux, tombé au pouvoir de l'ennemi ? Cela peut être, plusieurs officiers, restés en disponibilité, n'ayant repris du service que sous Louis-Philippe.

(Voir l'*Histoire de tous les régiments*, tome III, page 443, édition de 1851, Barbier, éditeur, Paris).

Ce colonel était-il le père du jeune Bro, sous-lieutenant aux chasseurs d'Afrique, qui, enveloppé par un gros de cavaliers arabes, fut sauvé par Lamoricière, qui le saisit par la ceinture et l'emporta, en travers, sur son cheval ? C'est encore possible.

(*Oraison funèbre de Lamoricière*, p. 8, 1865, Nantes, par Mᵍʳ Dupanloup, évêque d'Orléans).

« Paris, 16 mars.

(Séance de la Chambre des pairs, fin du compte-rendu).

« .... Demain, la Chambre ne se réunira qu'à deux heures, à cause des obsèques du général Belliard, pair de France. »

« Paris, 19 mars.

» Les obsèques du général Belliard, dont la dépouille mortelle était déposée dans l'église de l'Assomption, ont eu lieu samedi. Après les cérémonies religieuses, le corps a été porté au cimetière du Père-Lachaise. Le président de la Chambre des pairs et le grand référendaire, une députation de membres des deux Chambres, des généraux, des ambassadeurs, accompagnaient le catafalque qui était précédé et suivi de détachements de vétérans et de troupe d'infanterie (40ᵉ et 42ᵉ de ligne). Les généraux Roguet et Rey ont prononcé sur sa tombe des discours où étaient retracés les faits glorieux qui ont rempli la carrière du général.

» M. Lebon, chargé d'affaires du gouvernement belge, s'est rendu l'interprète de l'estime et de la reconnaissance de la Belgique envers l'illustre Français qui avait rendu à cette nation de si éminents services. »

La correspondance fait remarquer la prodigieuse activité du général Belliard, défiant son âge et ses fatigues. Aussi bien, sa plume était aussi accélérée que son épée ; c'est avec elle, *sa plume,* plutôt qu'avec cette dernière, qu'il dominait pleinement, et le grand quartier-général Hollandais et celui du maréchal Gérard.

commandant en chef le corps expéditionnaire français,
et celui du roi Léopold. Quand sa plume avait besoin
d'explication verbale, il arrivait et sa présence suffisait
à tout. Cependant, quand il fallut faire parler la poudre,
le maréchal Gérard le fit par ses ordres, mais ce ne fut
qu'à l'extrémité ; après qu'elle eût parlé, il mit sa plume
dans le bassinet de nos fusils et la diplomatie l'emporta,
car les hommes de cœur font la guerre *par la force des
choses* ; ils savent remporter la victoire, mais ils sont les
premiers à demander *la paix*. Et ! le plus grand honneur
de la Belgique sera de conserver ce beau côté du général
Belliard, en vis-à-vis avec l'organisation solide de cette
petite armée française, si bien conduite, si bien dirigée,
et où deux de nos jeunes princes payaient de leur personne, à la tête de nos régiments d'avant-garde, le duc
de Chartres, ancien colonel du 1er hussards, et le duc
de Nemours, depuis colonel du 1er chasseurs à cheval !

Cette armée, dite *armée du Nord*, aux ordres supérieurs du maréchal Gérard, ayant pour chef d'état-major
le général Saint-Cyr-Nugues, avait un effectif de 70,000
hommes, ainsi répartis :

8e, 11e, 19e, 20e légers ;

5e, 7e, 8e, 12e, 18e, 19e, 22e, 25e, 39e, 52e, 58e, 61e, 63e
de ligne ;

1er, 2e, 5e, hussards ; 1er, 4e, 7e, 8e chasseurs ;

1er lanciers ; 5e et 10e dragons ;

1er, 4e, 9e, 10e cuirassiers ;

Génie, artillerie.

(Voir l'*Histoire de l'armée*, etc., t. IV, p. 90. Edit. 1853).

Tout Belge voudra connaître et conserver précieusement les N^{os} et les noms de chacun des régiments qui
ont concouru à *sa liberté,* ainsi que le résumé suivant de
la haute personnification de son libérateur.

« Tout ce qu'il y a de grandeur, de noblesse, d'élévation de cœur, d'âme et d'esprit, se trouve dans le général
Belliard. Tout ce qui fait la force d'une armée, toutes les
aptitudes militaires, toutes les qualités administratives
s'y donnent la main. Son nom est une lettre parlante
qui le peint et le résume tout entier :

BELLIARD

BELLI-ARS

Ce qui veut dire : *En lui,* l'art complet de la guerre,
l'intelligence accomplie du métier ; le tout, plus haut
encore, par l'agrafe des sentiments chrétiens, qui étaient
de famille chez eux (1). »

---

(1) La même année 1832 et le 11 mai, mourait à Fontenay M. Marie-
Charles de Lépinay de Beaumont, frère de M. Charles-Louis de Lépinay
de Beaumont, capitaine de génie en retraite, chevalier de Saint-Louis
et de la Légion d'honneur, époux de dame Anne Walsh, sœur des
deux officiers d'ordonnance du général Belliard, voir page 56 de ce
volume.

C

LES FAMILLES ROBERT ET VINET, AIDES DE CAMP
ET PARENTS DU GÉNÉRAL BELLIARD

« Le 14 juin 1780, a été célébré le mariage de
M. Charles Vinet, conseiller du roi, notaire royal et
receveur des consignations en cette ville de Fontenay,
et de M¹¹ᵉ Marie-Geneviève Robert, fille mineure de
M. Pierre-Daniel Robert, négociant et échevin, et de
dame Modeste Arnaud ;

» Le même jour et à la même heure, celui de
M. François Poydras avec la sœur de la précédente,
D¹¹ᵉ Henriette-Aimée Robert.

» Ont signé au registre : Pierre-Daniel et Venant-
Césaire Robert ; Geneviève et Rose Robert, ses frères et
sœurs ; Marie-Benjamin Robert, son oncle ; Marie-Rose,
Angélique-Charlotte, Marie-Thérèze Robert, ses tantes ;
Marie-Rose-Pélagie Robert, épouse de M. Chevalier,
seigneur du Pontreau, et Maître Augustin Belliard,
également échevin.

» Ces mariages ont été bénis dans l'église de Notre-
Dame, par M. l'abbé Bridault, curé-doyen, les jour et
an que dessus. »

Le 21 mai 1783, M. Louis-Nicolas Robert, curé de
Fontaines, donna la bénédiction nuptiale à M. Benjamin
Robert de la Bauduzière et à M¹¹ᵉ Marie-Anne Berthelot,
etc.

La même année, un autre mariage dans les familles fut célébré par un M. Robert, curé de Montreuil-sur-Mer.

Enfin, le 19 novembre 1783, un prêtre du nom de Belliard, curé des Portes (Ile-de-Rhée), reçut et consacra l'union de mariage entre M. Mathurin-Joseph-Séverin Pervinquière, avocat, et D^lle Marie-Angélique-Louise Belliard, fille de M. Augustin Belliard, procureur au siège royal de Fontenay, échevin, etc., et de D^lle Marie-Angélique Robert.

Toutes ces familles se rattachent comme très proches parentes, au général Belliard, par son père, M. Augustin Belliard, et sa mère D^lle Marie-Angélique Robert.

Nous trouvons dans le *livre d'or* de Fontenay, dû à la plume de notre jeune et savant compatriote, M. René Vallette, la note suivante, qui est pleine d'à-propos dans ces lignes :

« Pervinquière (Mathurin-Joseph-Séverin), baron de l'Empire et chevalier de la Légion d'honneur. Né à Fontenay, le 11 février 1760 ; mort à la Baudonnière, commune de Marsais-Sainte-Radégonde (Vendée), le 24 janvier 1828.

» Fut successivement sénéchal de Coulonges (1781), député aux Etats-Généraux (1789), procureur-général-syndic et administrateur du département (1791-92), juge criminel à Fontenay (1806), président de Chambre à la Cour de Poitiers (1811), membre du Corps législatif la même année, de la Chambre des députés en 1814, et de la Chambre des représentants en 1815. »

Il était beau-frère du général Belliard et habitait,
à Fontenay, la maison de famille où ce général est né.

D

BAPTÊME DU COMMANDANT VINET

La teneur de cet acte, extrait des registres paroissiaux,
est comme suit : « L'an mil sept cent quatre-vingt-neuf,
et le vingt-cinquième jour du mois de juin, a été baptizé,
dans l'église de Notre-Dame de Fontenay, JEAN-BAPTISTE,
fils de M. Vinet, conseiller du roi, receveur des consignations et notaire royal de cette ville ; et de dame
Marie-Geneviève Robert. Le parrain a été Maître Jean-
Baptiste Bouteville, licencié ès-lois, et la marraine
Dame Rose-Adélaïde Robert, épouse de M. Raison,
négociant en cette ville, et est signé Hulliard et Robin,
tous deux vicaires de Notre-Dame. Puis viennent
quatorze autres signatures de familles. »

Le commandant avait deux autres frères, M. Charles-
Daniel Vinet, notaire, marié le 18 janvier 1815, à
Mlle Marie-Pélagie Martineau des Roussières ; l'autre,
M. Jean-Baptiste, docteur-médecin à Fontenay même, etc.

Outre son grade de chef de bataillon, il était officier
de la Légion d'honneur et chevalier de l'ordre des Deux-
Siciles.

E

QUELQUES RELATIONS DE FAMILLE

Bien que le *moi* soit un mot consigné au quartier, comme ailleurs, me serait-il permis de déposer ici, à la dernière page, quelques cueillettes de souvenirs à l'adresse des familles du colonel Robert et du commandant Vinet.

Lorsque, par la bienveillance de Messire Pierre Desbordes, prêtre, curé de Saint-Jean de Fontenay, son ami et bienfaiteur, mon aïeul Jean-Georges Staub, natif de Roslen, en Lorraine, eût laissé le régiment des hussards de Bercheny, dont il faisait partie en 1780, à Fontenay, il épousa une personne attachée à la maison de M. Pierre-Daniel Robert, négociant, et de Dame Anne-Modeste Arnaud, son épouse, père et mère de Mme Marie-Geneviève Robert ; celle-ci épouse de M. Charles Vinet, notaire, père et mère du commandant Vinet, oncle et tante du colonel Robert.

Le contrat de mariage a été passé, en présence du vénérable prêtre sus-nommé, au domicile même des époux Pierre-Daniel Robert, et Modeste Arnaud, en leur présence et en celle de Pierre-Daniel-Venant-Césaire Robert, Rose Robert et Robert-Morinière, Paul Rousseau, P.-F. Coutant, Renée Bonnet, Jean Carré, Pierre-François-Martin Coutant, et Pierre-Sébastien Fourman, dragon au régiment de Lescure, en garnison dans cette ville ; lequel dûment signé par devant Maîtres Thibault et Vinet, notaires royaux, resté à ce dernier, le 5 novembre 1781, contrôlé le 12 dudit.

Promettant respectueusement les ayants-cause se prendre pour mari, femme et légitimes époux en face de l'Église catholique, apostolique et romaine, les solennités d'ycelle préalablement gardées et observées *(sic)*.

On remarquera cette clause insérée, séance tenante, dans l'acte civil notarié.

En effet, cette même année 1781, et le 6 novembre, le lendemain de la confection de cette pièce, dans l'église de Notre-Dame de Fontenay, par Messire Pierre Desbordes, curé de Saint-Jean de cette ville, autorisé par M. Bridault, curé-doyen de ladite paroisse de Notre-Dame, a été célébré et béni le mariage en question, entre Jean-Georges Staub et D^{lle} Louise Charrier ; M. Paul Rousseau, maître chapelier, représentant le père du conjoint, Jean Staub, demeurant en la paroisse de Freymingen (Lorraine), porteur de sa procuration ; et devant les témoins ci-désignés, du côté de l'époux : Pierre-Sébastien Fourman, dragon au régiment de Lescure, en garnison à Fontenay, son ami et son pays, et Jean Carré, aussi son ami ; du côté de l'épouse, de M. Daniel Robert et Venant-Césaire Robert-Morinière.

En présence de Mlles Rose et Adélaïde Robert, Marie Belliard, Marie Breffort, P.-F. Coutant, P.-F.-M. Coutant, de Renée Bonnet, femme Rousseau, Marie Vanselot et Marie Muraillon, qui ont signé au registre, avec le vénérable Messire Pierre Desbordes, curé de Saint-Jean.

Nous avons vu et constaté la proche parenté des familles Robert et Vinet, avec le général Belliard, dont la mère était une D^lle Marie-Angélique Robert. Merci à ces honorables personnes de l'intérêt qu'elles portaient à mon aïeul. Ce sont des jalons de cœur qui marquent dans la vie et qui ne sauraient s'oublier.

Merci surtout à son insigne bienfaiteur, M. l'abbé Desbordes, curé de Saint-Jean de cette ville de Fontenay-le-Comte, pour la faveur qu'il a bien voulu lui faire, alors qu'il servait, comme engagé volontaire aux hussards de Bercheny, en lui procurant, par voie de libération, son congé, daté de Fontenay même, le 4 mai 1780, signé comme suit : D'Oberkirch.

Et, plus bas : Vu par nous, brigadier des armées du roi, colonel-mestre de camp dudit, et au lieu et place de celui-ci :

Dehumbert, commandant ; Horwal, major ; Helloir, commissaire des guerres ; Moll, capitaine trésorier. — L'exergue de ce congé est cavalerie hongroise, régiment de Bercheny, avec cachet en cire rouge, aux armes de France et nom de ce colonel, mestre de camp ; le tout conservé précieusement dans mes archives et revêtu du visa de Messire Louis-François Guerry de la Barre, capitaine de cavalerie, lieutenant-prévôt de la maréchaussée, en Bas-Poitou.

Par suite du départ, en 1778, du 1er escadron, pour former les hussards *Colonel-Général*, les Bercheny n'eurent plus que quatre escadrons qui étaient toujours, hommes et chevaux, la propriété de leur colonel.

Le grand état-major comprenait :

Le mestre de camp, colonel commandant en 1er, brigadier des armées du roi, comte de Bercheny ;

Le mestre de camp, commandant en 2e, marquis de Thuméry ;

Le mestre de camp, commandant en 2e, marquis de Pange ; — un lieutenant-colonel ; — un major ; — un quartier-maître trésorier ; — un aumônier ; — un chirurgien.

En dehors du grand état-major, il y avait 4 capitaines commandants, 4 capitaines en 2e ; — 3 capitaines de remplacement ; — 4 lieutenants en 1er ; — 4 lieutenants en 2e et 7 sous-lieutenants, plus 2 de remplacement.

Le petit état-major comptait :

4 enseignes porte-étendards ; — 2 adjudants ; — un maître maréchal-armurier-sellier.

Voilà son uniforme du temps mis en vers français sur des rimes imposées :

HUSSARDS DE BERCHENY, 1777-80.

Voyez-vous ce houzard, cambré sur son *cheval*,
Portant à son côté son illustre *bancal*,
Présentant au soleil le reflet de sa *lame* ;
Sur son front incliné un beau kolback à *flamme* ;
Rehaussé par devant, d'un superbe *plumet* ;
La giberne au côté, la main au *pistolet* ;
Tout prêt, à chaque instant, à rentrer dans la *lice* ;
Pendant à son épaule, une large *pelisse*.

Recouvrant à moitié les tresses du *dolman*.
La ceinture fixant sa taille au dernier *cran*,
Tout en laissant flotter sa noble *sabretache*,
La gloire du hussard, sa devise sans *tache*.
A la selle appendu le léger *mousqueton* ;
La pelisse est bleu-ciel, mais blanc est le *galon*
Qui dessine la tresse et orne la *culotte*,
Culotte à la hongroise et par dessous la *botte*.
Maintenant, garde à vous, courez à l'*étendard* !
Car j'entends le canon et là-bas le *hussard*
Qui veille en éclaireur et nous sert de *vedette*,
Est rappelé soudain par un coup de *trompette*.
Voilà tout un détail, voilà tout un *entier* ;
Sans oublier jamais notre cher *aumônier*.

Quand on a eu quatre parents dans les hussards, dans l'espace de trente années et qu'on les a connus soi-même pendant quarante ans, ce qui fait beaucoup plus qu'un demi-siècle, on ne peut non plus les *oublier jamais ;* c'est là mon cas et le cas de trois autres prêtres de mon nom et de ma famille, de notre ancien malheureux pays, *la Lorraine* (1).

---

(1) La chronique dit que, lorsque les Bercheny arrivèrent à Fontenay, en 1777, Messire Jolly de Saint-Picq de la Duranderie, ancien capitaine d'infanterie, chevalier de Saint-Louis, était major de place et commandant pour le roi, en cette ville et château. Ici nous trouvons la chronique en défaut : car, à cette époque, le château avait été démantelé et n'existait plus, que par le reste de ses ruines. L'histoire est remplie de ces vieux titres abolis par le fait, mais consacrés par l'usage.

Une sœur de ce *châtelain sans château*, Mlle Marie-Catherine Jolly de Saint-Picq, avait épousé un M. René Parenteau de la Voûte, maréchal-des-logis des gardes de Son Altesse M. le prince de Conti ; c'était un des ancêtres de l'ancien commandant de notre garde nationale, dont nous avons plusieurs fois parlé précédemment.

F

A LA MÉMOIRE DU COLONEL DU 8e RÉGIMENT DE CHASSEURS
A CHEVAL, MORT A FONTENAY-LE-COMTE

EXTRAIT

Du journal de l'arrondissement de Fontenay-le-Comte,
du 21 Mars 1829

M. le Baron Lelong, Chevalier de l'Ordre Royal et Militaire de Saint-Louis, Officier de l'Ordre Royal de la Légion d'honneur, Colonel du 8ᵉ Régiment de Chasseurs en garnison dans nos murs, décédé le 13 du courant, à l'âge de 56 ans, a été inhumé, dimanche dernier, avec toute la pompe due au mérite Militaire. Le Clergé, MM. les Fonctionnaires civils, judiciaires et militaires, MM. les Officiers en retraite, un grand nombre de personnes de distinction, ainsi que le Régiment sous les armes, ont accompagné, jusqu'au lieu de sa dernière demeure, les restes inanimés de cet Officier distingué. Les larmes données au défunt, par ses anciens compagnons d'armes, ont assez fait son éloge pour que nous puissions nous dispenser de le faire ici.

A cette triste et imposante cérémonie, nous n'avons pas remarqué, sans éprouver une bien douce émotion, le pieux recueillement des Militaires qui accompagnaient le convoi d'un homme qui fut toujours juste à leur égard, et qui n'était heureux que lorsqu'ils l'étaient eux-mêmes.

Arrivé au cimetière, le cortège a entouré le cercueil ; et là, d'une voix émue et avec l'accent de la vérité, M. de Carlotty, capitaine-adjudant-major du Régiment, a prononcé l'éloge funèbre de son vertueux et digne chef. Il s'est exprimé en ces termes :

« Messieurs,

» Cet inexorable arbitre, la mort, qui nivelle toutes les conditions, qui tranche avec la même impartialité les jours du Prince comme du bûcheron, de l'homme qui fut toujours heureux comme de celui qui ne le fut jamais ; qui fauche dans le berceau de l'enfance comme dans le fauteuil de la vieillesse, vient de nous enlever notre Colonel et de nous plonger dans le deuil. Il mérite d'être regretté, celui dont toutes les idées, toutes les occupations, se reportaient au bien-être du Régiment que le Roi lui avait confié ; pour qui chaque avancement, chaque faveur accordée par Sa Majesté, à un des Militaires sous ses ordres, était une satisfaction réelle. Il savait se faire obéir, et s'il fut quelquefois sévère, il désira l'être toujours avec justice. Qui, d'ailleurs, serait assez téméraire pour se flatter d'être infaillible ? Il donna, au reste, à son tour, vis-à-vis de ses chefs, l'exemple d'une subordination passive, mais affranchie de toute espèce de flatterie.

» Joseph-Auguste-Théodore Baron LELONG, naquit à Annoy, département de l'Aisne, le 21 novembre 1772. Il débuta, jeune, comme soldat, et parcourut avec distinction, jusqu'au grade de Colonel, les différents échelons de la carrière militaire : *Fromista, Lorbigo, Minberville, Nangis* et autres lieux, furent témoins de sa bravoure, nous l'avons été de sa loyale et droite probité. Enfin, ses vertus civiles et militaires furent ses titres de noblesse.

» Il a cessé d'exister, après avoir souffert avec force et résignation, pendant vingt jours et vingt nuits, les douleurs les plus aiguës, à 56 ans, après 36 années révolues de service. Dieu avait fixé sa dernière heure au 13 mars 1829 ; Dieu a permis qu'il ne quittât point cette terre de misères et de larmes, sans être aidé des secours de la Religion. Enfin, il a payé son tribut ; c'est une dette générale qui n'a de prescription pour personne.

» Il fut fils respectueux et dévoué ; chérissait ses frères et sœurs. Que n'eût-il pas été et comme mari et comme père ?

» Adieu donc pour la vie, mais non pour l'éternité, toi que quelques pelletées de terre vont achever de faire disparaître de ce bas monde ! Que n'es-tu témoin de notre douleur ! Nous ne pouvons plus nous adresser qu'à ton âme ! Hé bien ! qu'elle reçoive ici nos sincères regrets, avec l'espoir fondé de nous revoir un jour !... »

A la mémoire du Baron Joseph-Auguste-Théodore LELONG,
*Colonel du 8ᵉ de Chasseurs, mort à Fontenay,
le 13 mars 1829.*

Sur la tombe du brave encore quelques fleurs !
Aux yeux de ses amis, je viens de voir des pleurs ,
Et moi, simple étranger, sans être frère d'armes
J'ai surpris dans les miens quelques furtives larmes.
Amour de la Patrie, ô divin sentiment,
C'est ton pouvoir sacré qui dans un tel moment
A l'aspect du cercueil, muet dépositaire
Des restes généreux qu'on rendait à la terre,
A notre vieille armée adressait des adieux
Où les pleurs du pays s'échappaient de mes yeux.

Encore un Vétéran descendu dans la tombe !
C'est du laurier français une feuille qui tombe,
Me disais-je ! Bientôt ce superbe laurier
Qu'effeuille incessamment l'aquilon meurtrier,
Perdant dans chaque preux un fleuron de sa gloire,
Ne pourra plus verdir qu'aux pages de l'histoire !
Puis sur le drap fatal mon œil avec douleur
Cherchait ce sabre nu, sceptre de la valeur,
L'aigrette du héros par la mort balancée,
Sur un front où jadis l'honneur l'avait placée ;
Et cette étoile d'or qui brillant près des Lys
Me renvoyait peut-être un rayon d'Austerlitz !
De notre Grande-Armée, hélas ! glorieux restes ;
La foudre vainement de ses ailes funestes
Vous épargna vingt ans au milieu des combats ;
Au foyer domestique un injuste trépas
Reprend, loin des périls de ces grandes journées,
Vos corps, vieux de travaux, souvent jeunes d'années.

Ainsi, brave Lelong, au milieu du repos
Tu devais succomber, usé sous les drapeaux.
De l'aigle foudroyante et maîtresse du monde
Tu suivis à grands pas la course vagabonde ;
Elle t'a vu, bravant sous son essor hardi,
Et les glaces du Nord et les feux du Midi,
En payant chaque rang acquis à tes services,
Pour un grade conquis compter dix cicatrices.
Pour t'affranchir du mal en tes veines caché,
On prétend que l'insecte à ton sang attaché,
Sur ton sein sillonné d'innombrables blessures
Ne pouvait appliquer ses salubres morsures
Sans trouver une place où sous ta noble croix,
Ce sang n'eût pris passage une première fois.

Et là, froid et glacé par la mort en furie,
Ton cœur tout à ton Prince et tout à ta Patrie,
Ce cœur où le clairon ranimait tes vieux ans,
Aujourd'hui sans écho pour ses plaintifs accents
Hélas ! et sans répondre à sa voix qui t'appelle,
A laissé retentir la trompette fidèle !
Et ce blanc étendard que ton terrible bras
Eût voulu couronner dans de nouveaux combats,
Se voilant en ton nom sous une écharpe obscure,
N'a qu'un crêpe de deuil pour première parure :
Tandis que tes soldats en silence rangés
Emportent lentement sur leurs bras affligés
Le guide dont la voix eût, par Mars affermie,
Lancé leurs escadrons sur la foudre ennemie.

Mais c'en est fait ; adieu, généreux colonel :
Va retrouver aux Cieux, dans ce jour solennel,
Les vieux preux qui déjà, de la nue enflammée,
Ont cru se voir renaître en notre jeune armée.

Va reprendre ton rang parmi ces fiers guerriers ;
Ici ton souvenir, ta gloire et tes lauriers
De tes Chasseurs en deuil deviennent l'héritage :
Tu peux compter sur eux : ce précieux partage
Sous leur noble étendard sera conservé pur.
Remonte donc en paix vers le céleste azur ;
Au *huitième* toujours fier d'un semblable guide,
La vaillance et l'honneur prêteront leur égide.

E. LABRETONNIÈRE,
Avocat à la Rochelle.

Pendant que le 8ᵉ régiment de chasseurs à cheval formait la garnison de Fontenay-le-Comte, y ont été mariés :

Le 30 avril 1828, M. Etienne Volck, musicien-gagiste, avec Mˡˡᵉ Catherine-Mélanie Fauconnier ;

Le 16 mars 1829, M. Pierre-Simon Morizot, officier audit, avec Mˡˡᵉ Louise-Zénaïde Desaivre ;

Le 22 juin 1829, M. Sépot, maréchal-des-logis, avec Mˡˡᵉ Rose-Henriette Fauconnier ; à cette date, le régiment était parti pour Libourne.

Le   juillet 1829, M. Pierre-Gilles Barbe, lieutenant, avec Mˡˡᵉ Armande-Jeanne des Roches de Chassais ;

Du 12ᵉ chasseurs, pendant son séjour à Fontenay, s'étaient mariés :

Le 2 mars 1825, M. Jean-Louis Texier, maître-bottier, et Mˡˡᵉ Modeste-Véronique Sehelègue, fille du gérant de l'hôtel du *Chapeau-Rouge.*

Le 20 novembre 1826, M. Pierre-Constant Bécard, capitaine d'habillement, avec Mlle Julie-Louise Cupif, fille d'un employé des contributions indirectes ;

Le fait de ces alliances établit une union plus intime entre ces régiments et la ville de Fontenay. La beauté de l'uniforme pouvait y être pour quelque chose ; c'était un attrait de plus, assurément. Nous n'avons précédemment touché que le côté moral de cet uniforme, en général ; ceci nous amène à dire un mot de son élégance. Du reste, à chaque pas que nous faisons, nous nous heurtons contre quelque souvenir qui nous demandent place au foyer de nos lignes ; nous ne pouvons pas plus nous y refuser, que nous refusons l'hospitalité à nos soldats de passage ; c'est coïncidences sur coïncidences, rapprochements sur rapprochements ; mais quelque soit l'objet, nous retombons toujours sur Belliard, sur l'Egypte ; c'est le point central, c'est la force centripède à qui tout se rapporte ; en voilà un nouvel échantillon :

Lors de la formation des lanciers, en 1831, les cinq premiers régiments de chasseurs passèrent dans cette arme, sous cette dénomination, et le 8ᵉ dont nous venons de parler, prit le N° 3.

Mais le N° 3 c'est celui où avait autrefois servi, dans un intérim de position, 1797, le général Belliard, comme simple soldat et brigadier ; c'est le N° 3 qui a fait l'expédition de Morée en 1828, aux ordres du marquis de Faudoas, son colonel, avec le bel uniforme de cette

époque, que nous retraçons comme un miroir d'actualité.
Habit vert à trois rangs de boutons sur la poitrine, orné
de tresses mélangées d'un tiers de vert et de deux tiers de
la couleur tranchante, qui est l'écarlate pour celui-ci,
avec collet, parements et retroussis de cette même couleur,
boutons blancs bombés, avec le N° dudit : pantalon
garance, avec tresse plate verte et écarlate sur la couture ;
schako noir, tresses de la couleur tranchante, plumet noir,
id., id. (Tiré de l'*Annuaire* du temps).

Eh ! bien, voilà l'uniforme dont la beauté a séduit le
vice-roi d'Egypte, Ibrahim-Pacha lui-même. C'est fort,
mais voilà le fait, un homme de cette trempe devait, en
effet, avoir du goût et du bon :

Lorsque les préliminaires de paix eurent été acceptés,
pour l'autonomie de la Morée, Ibrahim-Pacha est venu
voir passer en revue notre petite armée ; « il a eu la
galanterie de dire aux colonels qu'avec de pareilles
troupes, lui, général de cavalerie, serait enchanté de
devenir général d'infanterie. Lorsque le 3ᵉ chasseurs
a paru sur le terrain, il n'a pu s'empêcher de témoigner
son admiration, de complimenter son colonel sur sa belle
tenue et lui a témoigné le désir d'avoir un modèle de
son uniforme, pour créer en Egypte un régiment semblable. Le lendemain, le colonel de Faudoas a envoyé
à Ibrahim un uniforme avec une lance ; car le 1ᵉʳ et le
6ᵉ escadrons portaient la lance et les quatre autres le
mousqueton et toujours le sabre de cavalerie pour tous.

» Ibrahim ne s'est pas laissé vaincre en gràcieuseté.
Dès le même jour, dînant avec le général Maison, il l'a

prié d'offrir son sabre au colonel du 3ᵉ chasseurs, et le
lui attachant au corps, il lui a dit : Portez-le un instant,
mon général, il en aura plus de prix à ses yeux ; le sabre
est magnifique, un vrai damas de Perse. »

(*Histoire de tous les régiments,* tome 4, p. 57).

Et, maintenant, voilà les chasseurs à cheval d'*Afrique*
oh ! non, d'*Egypte* seulement, habillés comme les
chasseurs à cheval de France ; et c'est réellement à s'y
tromper. Aussi, quand ils passeront du côté de Memphis,
de Thèbes et des cataractes du Nil, les milliers de sphinx
qui bordent les routes et les avenues, assis à leur aise,
sur leurs fûts de granit, vont lever la tête pour les saluer,
en les prenant pour des Français et en se souvenant des
généraux Desaix, Belliard et de nos vieux régiments
qui ont autrefois expéditionné chez eux, et qui les ont
relevés et consolidés sur leurs socles, que les vents et
les tempêtes de ces vastes déserts allaient précipiter et
enfouir dans les sables mouvants.

Et puis, voilà que nous retrouvons en Morée, en 1828,
comme brigade d'occupation avec le 57ᵉ de ligne, le
21ᵉ léger, la 21ᵉ légère d'Egypte en 1799 ; puis, voilà
que de la Grèce le 21ᵉ léger fait campagne en Algérie,
en Crimée, etc., etc. En voilà des régiments qui ont de
la chance ! Toujours en avant, toujours à l'ennemi !
Quand je le reverrai encore celui-là, je lui parlerai d'un
de ses vieux soldats, qui depuis plus de trente ans est
missionnaire en Chine, M. Bernom, qui avait si bien
appris à vivre d'abnégation, de dévouement et de sacrifice

dans ses rangs, qu'il n'a pas cru que ces vertus fussent, avec la grâce de Dieu, au-dessus de ses forces devant les Chinois. L'état militaire est une grande leçon, quand on sait en profiter.

Nous disons que la brigade d'occupation de Morée se compose du 21e léger et du 57e de ligne. Le 21e léger, c'est toujours notre vieux N° d'Egypte, qui vient de renaître au souffle de la Grèce et de l'Afrique, car son N° était demeuré vacant depuis 1815. — Et le 57e? Il y a, dans l'air, un courant qui nous avertit qu'il a quelque attache avec nous. On dit que je suis un chercheur ; cherchons donc ! J'ouvre la feuille d'annonces de Fontenay-le-Comte, N° 423, 13 octobre 1827, 9e année, et je lis : *Passage de troupes.* Le 57e régiment d'infanterie de ligne, colonel de Lespinasse, fort d'environ 56 officiers et 800 sous-officiers et soldats, arrivera dans cette ville, savoir : les 2e et 3e bataillons, le 26 de ce mois, et repartiront le lendemain ; l'état-major et le 1er bataillon, le 27, et repartiront le 29. D'où viennent-ils ? De la Bretagne, où ils tenaient garnison. — Où vont-ils ? précisément en Morée, pour faire partie de la brigade d'occupation. Passez donc, chères troupes, allez là-bas, représenter la France et ranimer le flambeau de la civilisation.

Entre temps, et le 24 du même mois, venant de Rennes, à la même destination sans doute, un détachement du 4e escadron du train d'artillerie, fort d'environ 50 sous-officiers et soldats, sous la conduite de deux officiers, et un autre de 32 sous-officiers et soldats avec le même nombre d'officiers, du 1ᵉʳ régiment d'artillerie à pied, font également étape dans nos murs. Quelle belle réception leur fit à tous le 8ᵉ chasseurs à cheval et son digne colonel Baron Lelong, le même dont nous pleurions plus haut la sépulture.

Mais revenons au 57ᵉ ; nous avons avec lui une autre attache, encore plus précieuse que la précédente, c'est l'attache du drapeau. Lorsqu'en 1804, il s'agit de rendre les vieux, pour en recevoir de nouveaux, le colonel Fléchat du 57ᵉ s'y refusa. — L'Empereur insista : Si c'est un ordre général, Sire, dit celui-ci, j'obéirai, mais j'en mourrai de chagrin ! Et c'était bien un ordre général et précis. — Le drapeau fut rendu. — Le jour de la distribution, lorsque l'aide de camp appela le 57ᵉ, Fléchat s'avança tout triste, mais résigné. Napoléon prit lui-même le nouveau drapeau et le tendit au colonel, en lui disant : Regardez sur l'étoffe et voyez !

O surprise ! c'était les lambeaux de l'étendard d'Italie, artistement réunis ensemble et portant cette inscription en lettres d'or :

> *A Montenote, il fut surnommé*
> *le terrible !*

Oh ! Sire, merci ! exclama le colonel, en pleurant de joie, et les braves du 57ᵉ, reconnaissant leur drapeau de Montenote, poussent un formidable cri de : Vive l'Empereur !

Eh ! bien, le drapeau actuel de ce régiment a été décoré après la campagne de 1870, pour la prise, par le lieutenant Chabal, de l'étendard du 2ᵉ bataillon du 16ᵉ prussien, qu'il enleva des mains de l'officier qui le portait.

Ceci posé, à la capitulation de Metz, le drapeau qu'avait alors le 57ᵉ avait été partagé entre tous les officiers pour le soustraire aux mains de l'ennemi. J'ai l'honneur d'en posséder un lambeau, à moi donné par le commandant Menière, de ce régiment, qui en possède un autre ; si jamais les hostilités reprennent (ce qu'à Dieu ne plaise), je prierai le commandant de faire ajuster sur ce drapeau décoré, les lambeaux sublimes que nous avons religieusement conservés, et, en les contemplant d'un seul coup d'œil, les soldats du 57ᵉ de ligne deviendront doublement terribles.

G

De vieux et bons souvenirs me rattachent à l'arme des hussards, tout particulièrement, sans préjudice des autres armes. La première fois que j'ai rencontré le 6ᵉ, alors commandé par le colonel Lanthonnet, c'était à Niort, en 1840, l'année même de la formation du 8ᵉ, à Lunéville.

La première fois que je les ai rencontrés tous les deux ensemble, c'était à la distribution des drapeaux, le 10 mai 1852. Deux escadrons et l'état-major de chacun de ces

régiments s'y trouvaient. La pelisse et le dolman vert
clair du premier, avec ses tresses rouges pour les hommes
et d'argent pour les officiers, la pelisse et le dolman
bleu-ciel du 2ᵉ, avec tresses jonquilles pour le rang et
d'or pour les officiers, leur donnaient un aspect superbe
et formaient un délicieux contraste. Qu'eût dit le vice-
roi d'Egypte, Ibrahim-Pacha, s'il les eût vus, lui qui
s'enthousiasmait pour l'uniforme de nos chasseurs.

> Car l'or qui rehaussait leur merveilleux dolman,
> Faisait, comme un bijou, briller le régiment.

Deux bijoux, l'un d'argent, l'autre d'or, dans le même
écrin. Les trompettes et les musiciens des deux, avec
leurs kolbacks à flamme, leur panache rouge et leurs
tresses aurore produisaient un coup d'œil saisissant.
Les chevaux blancs de neige de ceux du 6ᵉ faisaient
admirablement ressortir le noir d'ébène de ceux du 8ᵉ
qui eurent l'honneur de jouer au défilé de la 1ʳᵉ division
de cavalerie.

Me voilà à ce défilé de 70,000 hommes, devant les
tribunes, mais il m'est impossible, oui impossible à mon
cœur de sortir de là, sans donner mon hourra, avec
100,000 spectateurs, à ces quatre bataillons de chasseurs
à pied, les 5ᵉ, 6ᵉ, 8ᵉ et 9ᵉ, qui viennent de prendre le pas
gymnastique ; excellente troupe, arrivant après douze
ans d'existence seulement, au niveau des zouaves, les
premiers soldats du monde.

Et on a parlé de les supprimer ! Encore une fois,
supprimez donc l'héroïsme ! Or, à l'époque où il en était

question, j'ai pris résolument la plume, en faveur de leur maintien : 1° Dans un rapport instamment demandé en haut lieu, relatif à la réorganisation de l'armée, après nos malheurs ; rapport présenté par M. Vandier, sénateur de la Vendée, ancien officier de marine, à la Commission des quarante généraux. Je les ai défendus : 2° Dans le *Journal du Loiret,* lorsque le 18°, commandant *Faulte de Vanteaux,* et le 6°, commandant *Montagné,* faisaient partie du 5° corps, comme le constate des pièces justificatives émanant de plusieurs de ces officiers supérieurs, toutes classées au VII° volume de mes manuscrits du F° 120 au F° 141 ; c'est que j'aime les chasseurs à pied à l'égal des hussards.

C'est aussi là, devant ces tribunes, que la veille, j'avais serré la main d'un des héros de Sidi-Brahim, ex-prisonnier d'Abd-el-Kader, le lieutenant *Larrazet,* beau à voir, allez ! avec son N° 8 au schako, sa balafre sur la figure et sa croix d'honneur sur le cœur.

(Voir *Historique du 2° Hussards,* page 267, édit. 1869, par l'auteur de cet ouvrage).

Je reviens au 18° bataillon de chasseurs à pied, appartenant au 5° corps d'armée, en garnison à Romorantin, près Orléans ; il avait fait, avec nous, les grandes manœuvres, dont le quartier-général était alors (1878), à Lorez-le-Bocage, dans le département de Seine-et-Marne. Nous avions, M. Barruet, aumônier auxiliaire du 89°, à Montargis, et moi aumônier titulaire du corps d'armée, notre billet de logement chez le bon curé du lieu, qui nous donna l'hospitalité la plus cordiale. Ce brave curé m'ayant demandé de lui procurer le coup d'œil de l'ensemble de l'état-major, qui était très beau et très nombreux, je le conduisis le lendemain matin, qui était samedi, tout près de l'hôtel du *Grand-Cerf,* où nos sommités avaient élu domicile et d'où le général Bataille, accompagné du duc de Nemours et de tout son entourage, devait sortir pour se rendre sur le terrain de manœuvre. J'avais pris soin de me dissimuler sous un pli de terrain, pour ne fixer l'attention de personne, quand le général Bataille m'apercevant, me dit : Vous voilà, Monsieur l'aumônier, venez-vous avec nous ? — Mais oui, mon général. — Aurons-nous du beau temps, demain, pour la messe militaire ? — Oh ! oui, mon général, la Providence le permettra ; puis la présence du duc de Nemours nous portera bonheur. — Et, me tournant vers le prince : Je suis très heureux de rencontrer, dans le 5ᵉ corps, Votre Altesse que je n'avais pas vue, depuis 1843, dans la lande de Plélan, en Bretagne, où vous commandiez le camp qui s'y était rassemblé, lui dis-je ; c'est moi qui suis l'auteur des *Historiques des régiments de Hussards,* que vous connaissez. — Vous êtes l'abbé Staub, vous ? — Oui, monseigneur ! — Tout l'état-major était arrêté pour entendre le colloque. — Continuez-vous ces *Historiques,* car ils sont pleins du feu sacré ? — Oui, Monseigneur, mais le nerf de la guerre me manque pour les publier, et le nerf matériel est indispensable pour marcher en avant ; c'est lui qui alimente le *feu sacré.* Le duc ajouta : Je veux vous voir, ce soir, après les manœuvres ; veuillez

m'attendre. — Je le vis, en effet... Mais, cher prince,
vos encouragements, quelque précieux qu'ils fussent,
ne me suffisaient pas ; j'aurais préféré vous entendre
dire : Allez, je paierai. Je m'étais déjà appauvri pour
mes publications précédentes, car, je le répèterais mille
fois, on ne vend pas à des soldats qui n'ont qu'un sou
par jour, *on donne...* Et mes *Historiques* en sont restés
là, comme le volume l'*Aumônier de régiment,* dont j'ai
parlé plus haut. Et cependant on a plus grand besoin
de soldats, je dis de *véritables soldats,* aujourd'hui que
jamais, et jamais l'on a eu plus grand besoin de leur
inoculer les vertus de leur état, et c'est là la spécialité
de mes livres !

L'incident étant clos et les grandes manœuvres aussi,
je rejoignis sur route le 18ᵉ bataillon de chasseurs
à pied et le commandant Faulte de Vanteaux, qui
voulut bien me faire les honneurs du beau corps qu'il
commandait ; ah ! c'est que son très digne père avait été
lieutenant-colonel du 2ᵉ hussards, que je lui avais fait
visite à Versailles et que je suis resté en correspondance
avec l'un et avec l'autre. Les souvenirs de la famille
militaire ne s'oublient pas !

Parti, quelque temps après, pour Embrun, ce bataillon
est le premier qui a fait, en deux colonnes, l'ascension
des Alpes, au sommet desquelles il s'est trouvé face à face
avec un bataillon de Bersagliéri italiens. C'est le point
de départ de la défense qui s'organise à présent dans
ces contrées.

Aussi bien, voilà que j'entends les cors et les trompes

de chasse du 6ᵉ bataillon de chasseurs à pied qui, venant de Paris, se rend à Romorantin pour faire partie de notre corps d'armée. Son effectif est composé de 16 officiers, 461 hommes, 5 chevaux, une cantine, 25 fanfaristes, commandant Montagné.

Il est de passage à Orléans, le 10 novembre 1878. Le général Bataille, commandant en chef le corps d'armée, se porte à leur rencontre avec son état-major et son escorte du 4ᵉ dragons, jusqu'à Cercottes, les passe en revue et rentre à leur tête, en ville.

Une affaire de service m'ayant empêché d'assister à leur arrivée, je leur consacrai le reste de la journée et surtout la soirée qui leur fut donnée, au Cercle militaire, par les officiers des 30ᵉ et 32ᵉ d'artillerie, du 76ᵉ de ligne, de l'intendance et administration, tous de la garnison.

Je m'étais muni, pour la leur lire, d'une pièce de vers intitulée :

LA CROIX AU DRAPEAU DES BATAILLONS

DE CHASSEURS A PIED

Elle avait été composée, après la campagne d'Italie, en 1860, par le lieutenant Pierre, du 17ᵉ bataillon, depuis capitaine-adjudant-major au 8ᵉ ; la voici :

> Clairons, sonnez aux champs ; soldats levez la tête !
> Morts de Solférino, pour contempler la fête,
>   Sortez de vos sillons ;
> Fanfare, dans les airs, lance ta voix sonore,
> Au nom de la patrie, aujourd'hui l'on décore
>   L'aigle des bataillons !

Les doigts serraient crispés, l'acier des carabines ;
Tous ces nobles enfants, dans leurs mâles poitrines,
    Sentaient leur cœur bondir !
Ainsi qu'en ces grands jours, qu'enregistre l'histoire ;
On aspirait dans l'air, comme un parfum de gloire,
    On se sentait grandir !
Ah ! qu'il est beau de voir, dans un jour de bataille,
L'étendard qui s'avance au sein de la mitraille ;
    Oh ! sublime lambeau !
Le nôtre ne sort pas, mais les fanions sortent,
Et, membres déchirés, la gloire qu'ils rapportent,
    Est versée au drapeau !
S'il arrivait qu'un jour, la victoire infidèle
Refusât de garder nos guidons sous son aile,
    Et les laissât tomber ;
En avant les chasseurs, franchissons la frontière ;
Pour les soldats français il n'est pas de barrière ;
    Nous irons les chercher !
Et nous t'apporterons des bravos, des couronnes,
O France ! et puis encore, pour fondre des colonnes,
    Du bronze et de l'airain ;
Et, pour toi, vieil hôtel ! magnifiques tentures,
Des drapeaux pour orner la belle sépulture
    Du soldat souverain !

Les 30 bataillons de chasseurs à pied n'ont qu'un seul drapeau, déposé au château de Vincennes ; il a été décoré : 1° Pour la prise, à Solférino, le 24 juin 1859, d'un drapeau et 8 canons par les chasseurs à pied de la garde, commandant Clinchant ; principal acteur, le chasseur Montellier ; 2° Pour la prise, dans la même campagne, par le 10ᵉ bataillon, commandant Bressoles ;

principal acteur, le sergent Garnier, du drapeau du 66ᵉ autrichien, *Gustave Wassa.*

Et comme le nôtre, du 76ᵉ de ligne, y avait été également décoré (alors colonel Béchon de Caussade), pour la prise, par le soldat Clavel, du drapeau *Prince de Windisgraëtz,* j'ajoutai en son honneur :

AU 76ᵉ DE LIGNE

COLONEL GUEYTAT, 1878, ETC.

Qu'à celui des chasseurs, enlacé d'âge en âge,
Ton drapeau décoré reçoive ici l'hommage
    Des mêmes vœux, mêmes honneurs !
Et, ces deux sentiments, comme trait d'espérance,
Pour avoir, à leur tour, la croix de la vaillance,
    Nous les versons aux artilleurs !

Nos deux régiments d'artillerie, le 30ᵉ, colonel Charron, et le 32ᵉ, colonel Lecœuvre, étaient de trop nouvelle formation pour avoir pu se mesurer sur le champ de bataille ; mais, à la prochaine fois, leurs drapeaux seront bien décorés. C'est le vœu de leur vieil aumônier d'Orléans.

Avec de pareils éléments et de pareilles espérances, les réceptions sont bien belles et les toasts bien éloquents.

Et, voilà que tandis que je terminais ce travail, le digne successeur de Mᵍʳ Dupanloup, Mᵍʳ Coullié, évêque actuel d'Orléans, était annoncé dans notre ville de Fontenay-le-Comte pour une haute cérémonie religieuse dans nos sommités militaires... une bénédiction nuptiale.

Une cause des plus graves, la mort imminente d'un de ses vicaires-généraux, décédé depuis, l'en a empêché et nous a privés de ce bonheur.

Mais, le 6 décembre 1887, Sa grandeur était là *toute entière* avec nous, par le cœur ; elle était là *toute entière,* quand délégué par une attention délicate de M. l'archiprêtre curé de la paroisse de Notre-Dame, je remplissais, dans la bénédiction nuptiale des jeunes époux, les fonctions d'aumônier militaire, que je *remplissais* autrefois, avec tant de bonheur, dans la garnison d'Orléans.

Puis... j'aurais été heureux de rappeler à Sa Grandeur le souvenir des jeunes gens de Fontenay-le-Comte qui sont volontairement partis, en 1429, pour la défense d'Orléans. Elle l'eut emporté dans sa ville épiscopale, si toutefois elle ne le connaissait pas d'avance, comme l'un des beaux fleurons de son voyage. Je lui aurais donné, en outre, l'assurance que les jeunes gens de Fontenay-le-Comte sont toujours prêts, si l'occasion s'en présente, à voler au secours de la ville de Jeanne d'Arc et au secours de la patrie.

C'est ainsi que se continue jusqu'à nos jours cette ligne de traditions que nous avons signalées, comme autant de jalons d'honneur, dans le cours de cet ouvrage, et que nous avons espacés de distance en distance, comme points de jonction entre Orléans et Fontenay-le-Comte.

1429 — 1887.

LE DERNIER MOT DE LA FIN

> *Quidquid elevat mentem,*
> *Dilat animam,*
> *Et nobilitat eam.*
>
> Tout ce qui élève l'esprit,
> Enrichit l'âme
> Et l'ennoblit.

Cette élévation, cette richesse, cette noblesse sont la résultante de l'application pratique de l'abnégation, du dévouement et du sacrifice ; c'est le sublime du *feu du métier*.

Avec ce feu sacré et avec le feu qui fait parler la poudre, avec ces deux feux croisés, on peut aller en avant.

Mais qu'on le sache bien, le sang du peuple est sacré ; les souverains n'ont la faculté d'y toucher que pour des raisons légitimes, très graves ; la guerre n'admet pas de légèreté de matière, parce que ce sang est celui de l'homme qui a été créé à l'image de Dieu, et qu'il appartient à Dieu avant d'appartenir à l'homme.

Monseigneur Affre, archevêque de Paris, mort en héros pour la Patrie et pour le peuple, disait sur la barricade en 1848 : *Que mon sang soit le dernier versé.* Ah ! qu'il en soit ainsi pour toujours ; que le mot de guerre disparaisse du code des nations ; que tous les hommes s'unissent dans une même et solidaire confraternité. Ce doit être le vœu de tout homme qui comprend sa dignité, le vœu de tout Chrétien et de tout Français.

Nous avions fini ce travail et commencé à former les faisceaux, quand nous sommes obligés de les rompre pour saisir, au cours de nos recherches incessantes, les nobles, sacrés et héroïques lambeaux qui nous tombent sous la main à la dernière heure ; ce sont les lambeaux du drapeau que portait Jeanne d'Arc au siège d'Orléans.

Nous conférons, s'il y a lieu, un jour, l'honneur de lui faire escorte, à celui du 57ᵉ dont nous avons parlé ; car leurs conditions d'existence ont un point de contact commun, un point d'historique identiquement semblable ; voici le fait :

L'étendard qui se trouve au musée d'Orléans n'est pas celui que l'héroïne avait au combat ; cet étendard avait été donné par François Iᵉʳ, bien plus tard, à cette ville. Or, bien qu'il soit une merveille d'art, exécuté sur les dessins de Léonard de Vincy, il n'est pas encore le digne écrin de ces quatre lambeaux, reliques précieuses du premier drapeau de Jeanne d'Arc, versés au second et recousus sur son étoffe.

Ah ! s'il nous faut jamais défendre une fois de plus le sol de la Patrie, ce drapeau sortira avec ses lambeaux, les tambours battant aux champs ; les clairons sonneront ; les officiers présenteront leurs épées, les soldats leurs armes. A son aspect, l'armée toute entière, la

France toute entière sentiront centupler leurs forces vives. La victoire est renfermée dans ses plis serrés.

Nota. — François Ier, né en 1494, 65 ans après le siège d'Orléans ; Léonard de Vincy, né en 1452, 52 ans après ledit siège.

Fin.

TABLE DES MATIÈRES

VUE D'ENSEMBLE

VUE DE DÉTAIL

Liste des régiments de cavalerie qui ont tenu garnison à Fontenay-le-Comte, depuis la construction de son quartier, terminé en 1768.

	années	pages
Royal-Bourgogne, depuis 25e dragons	1769 (1)	78
Bercheny-Hussards, depuis 1er de l'arme......	1777	79
Lescure-Dragons, depuis 7e dragons	1781	81
Royal-Lorraine, depuis 24e id.	1789	81
19e dragons...............................	1794	82
Les lanciers Polonais......................	1806	82
Le 1er hussards (dépôt)	1808	82
Le 10e hussards...........................	1813	82
Le 2e hussards	1813	84
Le 3e régiment des gardes d'honneur cité seulement ici, comme formé de Vendéens, dont plusieurs jeunes gens de Fontenay..........	1813	86
Les 4e, 5e, 9e et 10e cuirassiers pour licenciement.	1815	89
Les guides de la garde pour licenciement	1815	91
Le 4e chasseurs à cheval de l'Ariège	1816	92
Le 14e id. id. du Morbihan......	1817	92
Le 18e id. id. de la Sarthe.......	1819	93
Le 23e chasseurs à cheval de la Vienne (2).....	1821	95

(1) Royal-Normandie, depuis 27e dragons, avait pris ses quartiers d'hiver à Fontenay en 1750, l'année où l'on décida la construction du quartier.

(2) C'est au 23e chasseurs du 1er Empire que revient l'honneur d'avoir fourni l'escorte du convoi du général Desaix, jusqu'au pied du grand Saint-Bernard ; là, ils furent relevés par un détachement du 5e de ligne, se reporter à la page 50 de ce volume.

Les régiments de cavalerie de passage à Fontenay-le-Comte, depuis le commencement du siècle

(1) Ce régiment avait été Royal-Pologne, colonel de la Roche-Jacquelin, en garnison à Niort, en 1784 ; il est tout à croire qu'il détachait alors un escadron à Fontenay ; mais l'histoire de la cavalerie n'en parle pas.

Les régiments d'artillerie de passage à Fontenay-le-Comte, depuis l'année 1820

Les régiments de cavalerie dont les n^os sont désignés
seulement dans plusieurs passages de ce volume

4e et 7e hussards, et 7e hussards *bis* en Egypte.
1er chasseurs d'Afrique.
3e et 26e chasseurs de France.
1er, 4e et 5e lanciers.
3e, 9e, 11e, 16e dragons, et le 20e en Egypte.
6e et 10e cuirassiers.
30e et 32e régiments d'artillerie à Orléans.

Les régiments d'infanterie dont les n^os sont désignés
dans plusieurs passages du volume

5e, 6e, 8e, 9e, 17e, 18e, 30e bataillons de chasseurs à pied, celui
de l'ex-garde impériale.
17e et 21e légers, devenus 92e et 96e de ligne.
Le 6e régiment de grenadiers de la Garde-Royale.
1er, 4e, 5e, 10e, 12e, 15e, 30e, 40e, 42e, 51e, 54e, 55e, 56e, 61e,
69e, 70e, 76e, 83e, 85e, 86e, 88e, 89e, 137e régiments d'infanterie.
Toute l'armée du Nord, régiments par régiments en 1832.

Pour l'armée de mer

Qui peut parfaitement trouver ici son compte, puisque les vertus
militaires et les forces vives du soldat, qui ressortent de toutes ces
pages, sont aussi bien les siennes que celles de l'armée de terre.

ERRATA

Page 83, 14ᵉ ligne, lire 7ᵉ de l'arme.
— 99, 16ᵉ ligne, lire en 1827.
— 134, 3ᵉ ligne de la fin, lire 1856.
— 190, 4ᵉ ligne, lire Ile-de-Rhé.

Fontenay-le-Comte. — Imprimerie A Baud.